卡尔·威特的教育

[德] 卡尔·H·G·威特 著
陈静 译

图书在版编目（CIP）数据

卡尔·威特的教育 /（德）卡尔·H.G. 威特著；
陈静译. — 南京：江苏凤凰文艺出版社，2019.1
 ISBN 978-7-5594-3052-6

Ⅰ.①卡… Ⅱ.①卡… ②陈… Ⅲ.①儿童教育－家庭教育 Ⅳ.①G78

中国版本图书馆 CIP 数据核字(2018)第 248050 号

书　　名	卡尔·威特的教育
著　　者	（德）卡尔·H·G·威特
译　　者	陈　静
责任编辑	张　婷　傅一岑
出版发行	江苏凤凰文艺出版社
出版社地址	南京市中央路 165 号，邮编：210009
出版社网址	http://www.jswenyi.com
印　　刷	江苏凤凰通达印刷有限公司
开　　本	880×1230 毫米 1/32
印　　张	6.375
字　　数	110 千字
版　　次	2019 年 1 月第 1 版　2019 年 1 月第 1 次印刷
标准书号	ISBN 978-7-5594-3052-6
定　　价	29.00 元

（江苏凤凰文艺版图书凡印刷、装订错误可随时向承印厂调换）

目　录

第一章　本书为谁而写 001
第二章　我儿子真的有超常的天赋吗？ 007
第三章　我的教育工作进展得顺利吗？ 012
第四章　我对儿子的教育完成了吗？ 016
第五章　如果教育得当，普通孩子也会成为不平凡的人 019
第六章　我打算把儿子培养成一个早熟的学者吗？ 041
第七章　我儿子是如何成为早熟学者的 045
第八章　我认为自己有把儿子培养成为学者的能力吗？ 056
第九章　对我儿子接受早期教育的异议 066
第十章　早期教育对我儿子真的好吗？ 073
第十一章　孩子七八岁之前是否应该让他们顺其自然地成长 079
第十二章　保护卡尔免受吹捧，至少减少其危害 086
第十三章　卡尔的玩具和最初的智力开发 099
第十四章　孩子们必须多和其他孩子一起玩耍吗？ 115

第十五章　卡尔的饮食……………………………119

第十六章　关于卡尔的道德教育……………………133

第十七章　卡尔是如何学会读写的…………………139

第十八章　把学习和玩耍分开………………………146

第十九章　关于对孩子的奖励………………………149

第二十章　卡尔学习外语……………………………154

第二十一章　对卡尔在科学方面的教育……………174

第二十二章　对卡尔品味的培养……………………177

第二十三章　卡尔上大学……………………………179

第一章　本书为谁而写

或许，人们会认为这本书是专门为专业的教师和教育家们写的，然而事实并非如此。因为那些教育家们，不管是不是有恰当的理由，通常都自认为是我的反对者。所以，我根本不可能特意为他们写一本书。在他们看来，我没有按照他们的方式对孩子进行教育培养，已经够糟糕的了；而有时候我的做法甚至与他们的截然相反，这就更糟糕了。然后大部分人就会很不友好地说："如果威特对他儿子采用的这种教育方式，可以保证每一个没有天生缺陷的孩子都可以取得同样的成就，那么我们学校的老师为什么就做不到呢？"这种要求极度不公平，可是我却无法阻止他们有这样的想法。与此同时，一些原本尽职尽责的老师们遭受了攻击性的非议与责难，因此他们也对我心有芥蒂，认为这一切都是因我而起，但这一切并非我的本意。

我所做的一切都只是试图向明智的人们证明，学校的老师，无论他掌握的知识有多丰富，教学能力有多强，即使他抱有最美好的愿望,但倘若其他人原本不支持他,并且始终不支持他,那么他终将一事无成。

鉴于上述种种原因,那些教师和教育家们,只要他们还没有以某种方式熟知我,或了解我的理念,往往都对我怀有很大的敌意。

因此,我这本书仅为那些和我一样深爱子女的父母们所写。尽管我曾不止一次地给他们带来诸多的不愉快,但出于对子女深沉的爱,他们依然决定认真考虑我的这次教育尝试。

如果他们真的这样做的话,我这本书就是为他们而写的,也是为所有好心的、希望自己的孩子在身体、智力和心理各方面都能获得最佳发展的家长们而写的。很多家长已经用心采纳了我的教育方法,他们在书信中向我表达了他们在教育方面与我的同感,或是对我和我的教育方法予以高度支持与赞扬。他们真诚美好的祝愿常常令我感动得落泪。可以说,不,是必须说,他们常常对我施以援手,这些我在写作中会时常提及,我和我的家人将永远由衷地感谢他们。

许多家长迫切要求我用一种简单的方式阐明我的教育方法。根据他们的要求,我在此给他们讲述一个简单易懂的故事。这是为了大众,同样也是为了这些家长。这些家长否定了我所能找到的一切推辞,我不得不向他们保证总有一天我会写出来的。

我推辞的理由之一是,某些不怀好意的人会提出异议:真的有必要写这样一本书吗?对此,我的朋友们的反应是:即使别人不想要,我们也想要,就专门为我们写吧!

我就这样履行了自己的诺言。有一点我很清楚：别人不可能完全按照我的方式对孩子进行教育。我也认为并不是所有的孩子都有必要接受跟我儿子一样的教育。但我相信，我所做的大部分事情将会被人们反复效仿，聪明地采用我的教育方法肯定会起到很大的作用。

裴斯泰洛齐①很早就对我的教育方法产生了兴趣。他立场鲜明，充满热情，公正且有先见之明，甚至预料到了这种教育的成果。虽然我这种教育思想当时还刚萌芽，还没有成熟，也很少有人注意到我在做的事情，但裴斯泰洛齐却表现出了极大的关心，甚至特别支持。以下是他的原话：

亲爱的朋友：

请允许我再次告诉你，当初你住在我们附近的时候，你对孩子的教育方式就令我颇感兴趣，我觉得我们的教育理念在本质上实际是一样的。让我详细解释一下吧：我一直以来都很担心我教育的方式、数字和语言等这些内容，就像基础课本的外观那样，乍一看好像与自然的天性和普通的常识相去甚远。然而，这当然只是一种表面现象，因为在实施过程中我们的实践活动一般都会与某种教育方法保持一致，而在这些教育方法中，父亲对孩子严格监护的行为，以及母亲真切的爱子之心都得以纯粹地表达。如果这些都没有呈现在呆板的报表和成堆的数据上，又会怎么样呢？这些是无法如此呈现出来

---

① Johan Heinrich Pestalozzi，1746—1827，19世纪瑞士著名的民主主义教育家。

的！但是如果小卡尔接受这些模式的教育,他就会成为一个思维得以全面发展的孩子,他的每一个言行都带有自己的想法。由于受到教育方法的影响,他必须在言行中实现自我,甚至就如同他必须在他母亲的只言片语中找到自我一样,而他经过多次的体验已经很懂他母亲的思想了。我们真实的做法和容易迷惑人心的表面现象之间相去甚远。我的朋友,关于这一点,你比其他任何人都更明白,因为你在教育方面一直都是同样的思路。你自己或许都不知道这一点,但你的实际做法却是基于同样成熟的自然情感的。而经过不懈的努力,我也由此逐步形成了我自己的教育方法。

  我的朋友,你的工作非常重要。此时,我们最需要的是检验在成熟经验的指导下进行的教育工作,这些经验适合矫正关于我教育方法的所有观点。在这种情况下,我的朋友,你必须明白如何继续你的教育经验,并且如果可能的话,还要拓展其运用,这对我来说非常重要。我个人诚挚地邀请你从事这项事业。那么,请允许我和你所有最亲密的朋友们一起向你致以良好的祝愿,同时我急切地请求你不要拒绝任何一个机会。有一类人,他们做了很多,他们敏锐地抓住了脑海中闪现的每一个灵感,并且在行为上一直遵循自己概括出来的理念,这些理念既要符合人类的天性,又要适应人类生存的外界环境。我心里把你也列入了这一类人之中。无论如何,能有机会从你那里了解到你对孩子教育的进展,我感觉非常开心。和你一起讨论这个话题的时候,你特有的真诚和笃定让我们的共处时光变得美好而愉快。

愿你在我们的山区里生活愉快,也希望你相信我对你永远的真诚和支持。

你亲爱的朋友:裴斯泰洛齐

1804 年 8 月

十四年来,他的观点一直没变。最近,他甚至私下里催促我把教育儿子的过程尽可能详细而全面地写出来。他的好朋友们,还有法国著名学者——巴黎的朱利安,也和他有一样的想法。他们彻底消除了我主要因为胆怯而产生的抵触思想。裴斯泰洛齐在我离开瑞士的伊韦尔东的那一天,给我写了一封信。内容如下:

亲爱的威特先生:

毫无疑问,你肯定还记得十四年前在布赫森我们就教育方法进行的会话。那时,你给了我们希望——你将运用自己独特的教育理念,使你儿子接受超常规的教育。现如今,他所取得的杰出发展已经远远超越了你当初所想和敢说的程度。

然而问题出现了——孩子的发展进步中,你的教育方法究竟起到了多少作用呢?或者说,你儿子的进步有多少是由你的教育方法带来的呢?还有一个问题——孩子的发展是不是缘于他个人的超常天赋?这种发展在多大程度上是教育方法所取得的成果呢?如果把这种教育方法用在其他孩子身上,也可以产生类似的成果吗?

我亲爱的威特先生,你应该让你教育界的朋友们在一定程度上予以肯定,做出积极的判断,你要把你的具体做法向他们详尽地阐明，告诉他们你对儿子的教育是如何一步一步进行的。让他们以某种肯定的眼光来评价你的工作。没有人会怀疑你儿子超常的能力，然而你的教学技能在从心理上提高这些能力并使它们得以迅速发展上起到多少作用呢？这只能通过你特殊的教育方法指导下的具体事例来解释清楚。做到这点很重要，而且这也肯定是你愿意为之付出的最愉快的事情。再见。请相信这些都是我深思熟虑后说的话。

您最谦恭的追随者和朋友：裴斯泰洛齐

1817年9月4日于伊韦尔东

第二章　我儿子真的有超常的天赋吗？

人们已经无数次地跟我说,让我儿子就这样吧。因为,毕竟称赞一个人有得天独厚的天赋,或是说他有能做到别人无法做到之事的超常能力,是更让人愉悦的。然而说句实话,事实并非如此。

我已经为此向一千多人进行了否认。我不得不承认,我大多数的朋友和熟人都是这样认为的。而格劳比茨牧师除外,他在我很小的时候就非常了解我。从1788年到他去世这二十多年的时间里,他始终是我亲密的朋友。只有他曾经说过:

"我深信小卡尔不具备任何非凡的天赋。我认为他的进步很正常,并不算是奇迹。我告诉我自己,也告诉你以及所有想弄明白的人,小卡尔的才能没有过人之处,但是他的进步却是不可阻挡的,你的教育成果将会适时地得到更辉煌的体现。我了解你的教育计划和你的做事方式,它们必定会成功,除非上帝有意阻挠。"

在我儿子出生不久前,马格德堡的学术型院校里有很多能力很强的年轻教师。还有一些年轻人刚刚成为社区的传教士,他们同这些院校保持着友好的关系。这些人形成了一个社交圈,在这个圈子里积极地讨论人们最热衷的事业——教育。我的朋友格劳比茨也加入了这个圈子,并且在我每次去那里的时候,都会引荐我加入他们的聚会。

有一次,我们谈论到了这样一个话题——抱有最美好愿望的教师和教育家们有时却什么也实现不了,而在我看来,他们对个人的天分强调得有些过分了。我想我有必要就我所观察到的情况来进行说明。我说道:

"在孩子成长的最初五六年的时间里,与天分相比,他所接受的教育对发展有着更重要的影响。当然,在天分方面,人与人之间存在着一定的差异。但是通常来说,如果多数人的天分都差不多的话,那我们就尤其应该更多地依靠教育,而不是世俗的理念。"

为了让我的观点更有权威性和说服力,我引用了爱尔维修[①]的话:"即使是普通孩子,只要教育得当,也将成为不平凡的人。"但大家都反对我的观点。在施拉德尔先生同我和格劳比茨一起回家的路上,我们仍然在讨论这个问题。在会上我不止一次重复我的观点,但都被否决了。

我说:"当然,我现在必须保持沉默,因为你们中有十三四个人反对我的观点。但是,我希望能用事实向你们证明我是正确的。如果上帝赐给我一个儿子,并且在你们看来,他不是个愚笨的孩子的话(千万不要是!),那么很久以前我就已经下定决心要把他培养

---

① Claude Adrien Helvetius,1715 年 1 月 16 日或 2 月 26 日—1771 年 12 月 26 日,18 世纪著名法语作家、哲学家。

成一个卓越的人才,而我事先根本不了解他的天分如何。"

会上的人们对我所说的话不以为然,如今施拉德尔也不相信了。格劳比茨之前只是表示他不反对我的观点,而现在,他在尽力使施拉德尔相信我一定会信守诺言的。然而施拉德尔就像他所有的朋友一样,坚持认为这种事情是不可能发生的。

不久以后,他从格劳比茨那里得知我的妻子生了一个儿子。他将这个事实告知了朋友们,然后他们所有人就都开始了对我和我儿子的关注。我每次去他们那里,或者格劳比茨来看我的时候,他们都会询问我和我儿子的状况。但只要格劳比茨说我表示有希望能够实现当初的诺言的时候,他们就会表示怀疑地摇摇头。

卡尔四五岁的时候,我带他去了克莱恩-奥特斯莱本。施拉德尔先生见到了我儿子,并且非常喜欢他。尽管他认为卡尔并没有非凡的天赋,但他肯定我应该充分发掘孩子的潜能,好好培养他。这样的情形一直持续到1810年。之后的每一年,施拉德尔都越来越相信我正在履行诺言。此后,他还在给我的信件中表达了对我观点的信任。

这封信着实引起了我的关注,它意义非凡。因为他个人的观察,加上他从我以及我的好友那里获得的信息,他不得不承认,那些我承诺过而他怀疑过的事情事实上都已经发生了。当然,他还不能彻底放弃他和他朋友们的偏见。从某种程度上来说,他仍然是我的反对者。但是,他由衷地承认了已经发生的一切,而这些是他以前认为不可能的,这足以说明他的睿智与诚意。以下是他自己的原话:

尊敬的朋友：

你已经信守了自己的诺言！你的小卡尔已经成长为你在他出生之前就承诺要教育成的那种人，不，他被培养得比你承诺的还要更好。十年前，你当着我们已故朋友格劳比茨的面，异常欣喜地向我宣布你即将成为一位父亲，并且强烈地希望能拥有一个健康的孩子。后来，你又说了令人难忘的话："如果我的儿子健健康康的，我决心要把他培养成一位杰出的人才。"

我那时反对你，说你计划的成功，不能仅仅依赖于孩子具备你所期望的健康，更要依赖于他与生俱来的天赋。你当时答复我说："即使是普通孩子，只要教育得当，也将成为不平凡的人。"我仍旧表示怀疑，但是格劳比茨让我相信你，说你在瑞士已经成功地在短时间内把一个男孩培养成了非同一般的人才，而他原来的老师已经放弃了他，甚至认为他就是个笨孩子。然后，我就答应你先不下定论，我会一直等到某一天你的儿子以自身的发展来证明或反对你的观点。现在，你的儿子就在这里。我们能够看到他男子汉的成熟，并且又难能可贵地带有孩子的天真和善良，这是一个多么迷人的有高贵人格魅力的人啊！如果我的身边都是这样的人，我就会认为自己已经离开了地球而身处更高的精神层次，这真是荣幸之至啊！

是的，我的朋友！你不仅信守了自己的诺言，还拥有了更大的收获。我认为我必须要写信说明这一切，以还你应有的公正。然而，尽管你通过努力获得了极大的成功，你仍然无法使那些教育者们信服你的基本理念。他们会到处宣扬："有这样一个儿子，做父亲的多么幸福啊！"他们会将孩子的优秀才能更多地归因于与生俱来的天分,而不是父亲用心教育培养的成果。坦率地说,我也会和那些人一样这么说:"如果卡尔不足够幸运地健康,那么他就不可能成为今天这样的人才。"我知道这其中你的功劳绝不是一点点。我明白,你的能力和少有的耐心,以及你坚定的毅力使得你不断向目标前进。我明白,这个孩子是你原先全部生活所围绕的核心;你一直都懂得如何把每一样事物都运用到孩子身上,说话或是沉默、身边的人来人往、工作或是休息,只要是孩子身边的一切,你都能或多或少地将它们与你的孩子以及你的目标联系起来;多年以来,你一直不知疲倦地、从不间断地努力工作,并且一贯地充满活力。除此以外,我还知道,在那些你希望能发挥能力的人身上,你带着特有的耐心,显现了超大的能力。尽管如此,我还是无法反对那些教育者们的观点。

要从人的教育中判断出天赋和后天培养所起的作用,不仅是困难的,而且实际上是完全不可能的,因为在教育过程中,这两者是彼此相互联系的。你会一直希望能够找出证据来证明,你仅仅使用某种教育方法就将一个健康的但是天资一般的男孩培养成一个出类拔萃的人物。尽管这样,你的教育尝试在各方面对教育学都具有非常重要的意义。你的教育方法的详细说明,对于公众而言也将是一份珍贵的礼物。当然,这种方法会让某些家长付诸实践,所以我向你保证你一定会有效仿者的。

马格德堡附近婚礼大教堂牧师:施拉德尔
1810年6月3日

第三章 我的教育工作进展得顺利吗？

我教育和培养儿子的方式，不但已经有了一个良好的开始，而且一直进行得很顺利。十多年来，一些文化人士，甚至相互之间有些敌意的不同政界团体的积极人士一直把注意力放在我身上。

我儿子第一次被谈论的时候，他才八岁，我们住在哈雷附近洛豪镇的一个村子里，那里的人们还不适应将公众的注意力聚焦于一个孩子身上，这种情况通常更容易出现在城市里，尤其是大城市里。

此外，卡尔接受非常规教育的时候，欧洲的根基正处于动荡不安的时期，我们的国家，普鲁士王朝几近瓦解——我指的是1807年和1808年间。那时，人们的饭后谈资可以有很多别的话题，像重大活动、恐怖事件、焦虑、求助、希望、失望等等。人们只会关注这些，而不会去注意那些琐碎的事情。

如果一个孩子所取得的成就能够超越这些具有划时代意义的事件，能够占有一席之地，树立自己的地位，那么这些成就势必是客观的、非凡的。事实也确实如此。

那段时期对我们尤为不利,因为那时社会上存在一种明显的偏见——不赞成对孩子进行早期的全面教育。像萨尔茨曼、坎珀和特拉普这样的人,很长时间以来一直极力反对这种教育方式,他们客观地指出了以前这种事例的毫无价值和危害之处,甚至指责这些都是"温室教育"的产物。

我个人认为能与他们观点一致是件很荣幸的事情,我很乐意承认,就在这个问题上,我对他们的看法是认同的。我也承认当看到在我教育方法的指导下发生的一些事情之后,我感到有些担心和害怕。

因此,报纸上出现的第一条有关这种教育的新闻,大家都认为既不真实又毫无意义。这是汉堡通讯社的一位不知名人士所写的一封信,信中对我儿子在摩斯伯格参加的公开的和秘密的测试的情况做了详尽的阐述。一位丹麦专家甚至否认整个事件的真实性,他认为出于自身原因,他也必须予以否认。但是这看起来令人难以置信的事情,不久就获得了人们的信任,当时反复的测试使我们获得了许多杰出人士亲笔签名的鉴定书,这些人中有许茨、蒂福特伦克、凯伊艾萨、柏克、马尔曼、罗斯特,好多知名的社会团体以及大学院校也很快加入了此列。很快,声援四起,这个消息终于被认定为既定的事实。

这个特殊时期对我来说是极为不利的,因为战争及其带来的悲惨后果,让一切都充满了动荡不安。普鲁士王朝似乎被永远地摧毁了,国民们日渐流失。我正生活在君主王朝的末期,因为洛豪正属于萨克森地区。要不是因为卡尔的发展出现了停滞不前甚至倒退的现象，我根本没有也要离开的想法，然而我还是不得不离开了那个村庄。

我不能指望普鲁士。法国是想得到钱而不是给予，而萨克森人几乎不可能想做这种事情，而我也并没有物质需求。我有个好堂区，我甚至可以书面保证堂区会越来越好，让我和我的家人过得非常舒适快乐，甚至在莱比锡，我对我的生活状态都很满意。

与此同时，我对我儿子的教育还在萌芽阶段，无数人都担心会出现不好的结果。他们经常忧心忡忡地说："这个可怜的孩子在十岁或十二岁的时候，就会死去或者日渐衰弱。"

然而，莱比锡这座城市和莱比锡大学以一种惊人的方式联合起来。儿子获得了一笔可观的助学金，我和妻子也收到了有力的赞助，这使我放弃了在堂区的工作，下定决心去莱比锡生活。每一个明事理的人都能推断出：如果没有做细致的调查，并且对我儿子进行反复测试的话，他们是不会做出这样的决定的。

法国威斯特伐利亚政府的做法也是如此。他们带着质疑对儿子进行了反复测试，最终还是为我提供了资金援助，定期给我汇款，甚至在俄国人攻打卡塞尔的那一天也没有间断。

威斯特伐利亚政府垮台之后，我和儿子由我的资助者和朋友们照顾。至于普鲁士，我那七年来已逐渐耗尽了资源的祖国，正处于一场结果未卜的战争中。那时汉诺威、布伦瑞克和海塞，都在急于宣告：所有从别的州来的非本土人必须自己修建家园，他们强烈地拒绝以威斯特伐利亚政府的名义对他们施加的任何要求。我自然而然地按照常理首先让这三个州政府相信，我将在我的事业中充分利用他们的每一分钱，而这些钱其实也是他们自己所需要的，但是他们仍然毫不迟疑地资助了我。

那时普鲁士的很多上层人士鼓励我回国。当时时局那么糟糕，我很长时间都没敢做出决定。最后，在他们的一再催促下，我小心翼翼地做了全面调查，然后得到了最鼓舞人心的结果。事实上，在对事情做了更进一步的调查之后，我比原来更加笃定了。在柏林生活的最后两年里，我和儿子深切地感受到：王室给予了我们多么仁慈的关怀与帮助啊！

十年来，这种状况一直保持着，没有中断过。大部分观点不一致的，甚至相互敌对的人们，包括专家、政治家乃至君主，都迅速、积极地团结起来。这些令人感动的付出所为之的事业一定是不错的，一定是成功的。

我收到了大量书面形式的祝贺和衷心的问候，其中大部分人都是我不认识的。那么多善意的言辞，美好的祝愿、敬意和真诚的关心，都证明我所做的事业正在不断地取得成功。这项事业已经在我自己的祖国和其他国家那里赢得了尊重，否则，就是我的眼睛、耳朵、感觉还有智商离奇地欺骗了我。

第四章　我对儿子的教育完成了吗？

在我看来，我对儿子的教育确实已经完成了。很长时间以来，我都反对那些声称我对儿子的教育已经完成了的人，但是现在我不得不承认已经完成了。儿子十一岁时，哥廷根的几位教授认为我没有必要再陪读了，卡尔表现得很棒，能够集中注意力，会正确地做笔记，而我终于能从这些事情中解脱出来了。但我依然常常跟着他，为他上课做好一切准备，陪着他一起复习巩固。后来，在哥廷根和海德尔堡，我就不再做这类事情了。这个过程我是缓慢地一步一步进行的，直到他能够完全独立地学习。

有几次他在解决学术难题时，以作者的身份崭露头角，获得了尊重与赞赏；他还获得了各种荣誉，而这些荣誉以前通常都是颁给真正的资深专家的；我们尊敬的国王和他的大臣们认为他有资格获得一次为期两年的公派留学的机会。那时，卡尔已经十六岁了，完全能够照顾好自己了，我才下定决心结束对他的教育，然后认真关注我自身的健康问题。

然而，为了不至于太鲁莽和草率(这是我一直担心的)，经过慎重考虑之后，我给尊敬的国王写了一封信，表示希望能再陪我儿子在国内待一年。这样，他就会有机会为完成他的神圣使命做好充分的准备，就像以前每一次为求学生活的重大改变做准备那样。国王陛下很乐意地批准了我的请求，这再次彰显了国王的英明与高贵。也就是那个时候，在资助者和朋友们的支持下，我离开了儿子曾经生活过的房子和城市。

我和儿子分开已经有十七个月了，在这期间我只在维也纳见过他一面，还是在他去瑞士和意大利的途中。

为了不让儿子在年纪还那么小的时候，就独自面对世界，也为了不让他从受着父母的百般呵护到在陌生人群中可以完全独立的转变太过突然，当我不在他身边时，我就让他和他妈妈，还有那些高尚的朋友们待在一起，幸运的是，他们来自社会的各个阶层，出生于不同的时代。我推荐并且出资让他在适当的季节去莱比锡和德累斯顿及其周边的旅游胜地去旅游，像弗莱堡、开姆尼茨、瑙姆堡、耶拿、魏玛、艾尔福特、哥达、利本施泰因、艾森纳赫、卡塞尔、哥廷根、布伦瑞克、马格德堡、萨尔茨韦德尔等地方，在那里他可以见识大自然和各种人类艺术的作品。我让他充分利用图书馆，让他结识一些学者，总而言之，就是让他为伟大的人生之旅做好充分的、实用的准备。然后在四五个月的旅行之后，再让他回到柏林他妈妈那里，继续进行理论知识的准备。他所做的一切都是对他有帮助的。这一年的五月，他真正开始了一场更伟大的旅行。在维也纳和我待了两个月之后，他和我做了长久的告别。现在他生活在阿尔卑斯山的另一边。他在上帝的佑护下，问心无愧地开始独当一面了。因此,到这个时候,我必须承认我已经完成了对他的教育。

当然,教育是我们要终生接受的,通过周围的生活环境、世事变化、我们的熟人,甚至我们已故的或是活着的对手,我们不断地完善这个教育过程。这种教育当然还没有结束,也不可能结束。

当我儿子开始为期十七个月的旅行时,他的身心都特别健康,各方面都令人欣喜,工作也很轻松愉悦。他从来没生过病,甚至在幼年时期也没得过什么病。

第五章　如果教育得当，普通孩子也会成为不平凡的人

这是在我儿子出生之前，我在马格德堡的众多教育家面前提出的主张，并且我一直坚持这个主张。用爱尔维修的话来说："即使是普通孩子，只要教育得当，也将成为不平凡的人。"

我深知，如果没有琴弦，无论弹奏者的技艺有多高超，钢琴的琴键也不会有反应。我也知道，一位专家能够很容易地纠正不和谐音，并能用原本音质低劣的乐器演奏出美妙和谐的旋律。某件乐器也许和另一件乐器一样都不具备完美的结构，但是如果仅这件乐器调好了音，而另一件一直没调音的话，那么调好音的这件乐器演奏出的音乐就会比另外一件的更和谐动听。

同样，不言而喻，如果一个孩子的身体或大脑缺少某个器官，那么即使是世界上最伟大的教育家，也不可能激发出原本属于那个器官的功能。但是如果这个孩子所有的器官一个不少，只是其中有些较弱或者没能适当地完善，那么他身体或精神上的某些功能就会比其他的落后一些。只有有见识的教育者，才有可能帮助

孩子逐步完全地克服掉这些缺陷，或者说，至少可以让那些有理性的知道这种器官原来状况的人，注意到改善之后的成果。

这样的教育家，能够通过非常细心的教育方式将一个资质平平的孩子提升到一定的高度，而这个高度，是一个资质优越的孩子在粗心而失当的教育方法下往往达不到的。因此，一般来说，一个普通孩子，如果能得到一位高明的严谨的教育者充满爱、睿智、关怀与热情的教育的话，他就会在人类社会某个领域居于比较高的层次。而相反，一个资质过人的孩子，如果遇到了轻率的缺乏经验的教育者，接受了粗心拙劣的教育的话，发展的结果就会比不上刚才说的普通孩子。另一方面，毋庸置疑的是，如果后者能够得到第一类孩子所接受的那种细心英明的教育的话，肯定会达到更高的层次。然而显而易见的是，在我们这个亟待完善的社会中，得当的教育并不常见，也就是说在现有的条件下，没办法实现。所以，我们时常见到一个资质优良的孩子会落后，进而变得盲目冲动、愚昧无知，甚至很恶劣，而某些普通的孩子在有利的环境中可以发展到少数人才能到达的程度。

一个资质出众的人，如果在最有利的环境中得到最适当的教育的话，会成长为什么样的人呢？虽然我们对亚历山大大帝、恺撒大帝、查理曼大帝、亨利和弗雷德里克斯并不了解，但我敢说，他们肯定也有弱点，或者更准确地说，是不好的一面。因此，与我们这个不完善的社会中最可能完美的层次相比，他们还是相差甚远。我相信，一个受到过特别优质的教育的人，将会更伟大、更强大、更健康、更美丽、更文雅、更有胆量、更宽宏大量、更高尚、更勇敢、更英明、更机智、更热忱、更有学问、更通情达理、更温和、更有节制

(当然,凡事都把握得恰到好处)。总而言之,他所处的层次将会是我们所有普通人无法企及的。

假如我们的教育水平比目前进步一百年,我的主张或许是错误的。不过,也可能还是正确的,因为到时候仍然会存在以下问题。首先,我们能否找到所有能够唤醒和培养每个孩子各种潜能的方法,并且使之成为普遍的教育技能;其次,是不是有很多的父母和教育者们能够尽职尽责地利用一切机会来培养自己照管的孩子,使他们从婴儿时期一直到完成教育的过程中能得到不断地发展。那么,我们唯一可以断定的是,一个普通孩子的父亲是不可能比其他十个资质良好的孩子的父亲取得更多的教育成果的,所以也就无法让自己的孩子获得进一步的发展,然后就会使之落后于他人。

然而,这只是假设情况,不是我们目前的现实。我们还远远不能断定没有其他人会做得更多。一个明智的人,尤其是经验丰富的人,在某个教育体系中,基本上都能发现自己犯了某些对学生有害的错误,并且很显然地阻碍了学生发展成为他原本可以发展成的样子。

如果现在能够确定,某个人因为对教育成果满怀期待而倾尽全力,而我们传统的教育教学方法远不如这个人,那就不难理解,这样的人可以把资质一般的学生培养得比那些受到传统教育的资质高的孩子更优秀,因此他就有可能把一个普通的孩子培养成出色的人才。

我所誓死坚持的主张遭到了普遍攻击,尽管有少数几个人准确抓住了这个主张的思想,并且给予了明确支持,但是我还是不得不承认，人们基本上都误解了这个主张。他们虽然声称能够理解，但仍然提出很多异议，而这些异议之间自相矛盾，并且只要仔细考察一下，它们就会因为站不住脚而自行垮台。

为了对此做进一步详细的解释，我要尽可能真实地再现我与别人的一次对话。过去的二十五年来，我一直就这个话题和别人进行过多次谈话。

A先生："不，我的朋友，你说服不了我。因为这要建立在人生资质同等的基础上，这谁能相信呢？显然，人的资质各有不同。"

我："我也认为人的资质不同，但是你认为你的结论是从我的观点引出来的，这就错了。"

他："什么？你的意思是我的结论是错的？如果我能把所有的孩子都培养成优秀的人才的话，那他们的资质肯定是相等的，这难道不是显而易见的吗？"

我："首先，我没说你能做到把每个孩子都培养成优秀人才，因为我知道有的人有智力缺陷。我很清楚，这些人与那些资质最佳的孩子之间有着巨大的差异。我知道，我们无法列举出所有这样的差异。"

他："你想说这不是你的想法？那我一定是对你有很大的误解了。"

我："是的，你确实误解了我的意思，因为我一直强调'每一个健康的孩子'，这和你所理解的区别很大。"

他："我认为不是这样，或者说我不理解你的意思。"

我："情况就是我刚才说的这样，我会尽力解释清楚的。假设人们资质不一，如果我们仅仅考虑他们的身体、精神和道德方面的资质以及它们的相互作用的话,那我们真的可以忽略他们之间的差异。但是为了弄清楚,我们必须认为这些资质都是可以测定的。假设差异等级是从1到100,前面所提到的有缺陷的智商是1,而资质最高的人的智商是100,那么一般人的智商可以认为是……"

他:"50!很明显啊。可是这又有什么用呢?"

我:"你很快就会明白的。所以,我假设多数孩子天生智商都是50,因为最普遍的最常见。这样,你的孩子、我的孩子,还有无数其他人的孩子都应该处于这个水平。"

他:"不一定吧。我承认我的儿子是这样,但你的儿子不是。"

我:"好吧。只要你满意,我暂时对这件事不说什么。让我们继续!想象一下有十个或十二个智商都是50的孩子,但他们处于不同的环境之中。假设其中两个在农村长大,完全没接受任何指导;另外两个,在城市,没接受多少指导,很小就在工厂里当学徒;有两个就读于一所差学校,而另外两个在一所好学校;有两个在家中得到了细心的良好的培养;最后两个在家里接受了错误的教育。如果你认为智商决定一切,而教育起到很少或是几乎不起任何作用的话,你就会很容易地认为,最后这所有的孩子都将处于同等层次。然而他们当中有的可能会成为贵族或大臣,有的可能会是学者或商人,有的却可能会沦为乞丐或强盗。你认为这些孩子会处在同一层次吗?"

他:"我当然认为不是这样!因为有的人会学到很多知识,有的学到的很少,还有的一点都没学到;因此有的人会出类拔萃,有的平凡无奇,还有的就会变成一个恶劣的人。"

我:"那么,你从这个例子中能看出来教育的作用有多大了吧?但是让我们暂时也忽略这些,假设他们的智商天生完全相同,那么在二十年之后还会一样吗?"

他:"你是什么意思?"

我:"我的意思,比如他们到二十岁时,所有人的体格力量都是相等的吗?"

他:"怎么可能呢?我们只是在谈论所谓的普遍的、自然而然的情况。显然,强盗的儿子、工人的儿子和农夫的儿子通常要比艺术家的儿子、学者的儿子和大臣的儿子的体格健壮得多。"

我:"很好!但为什么呢?"

他:"这很明显啊。因为前三种人的儿子,在他们的日常生活环境中自然而然地锻炼着体格;而后三者的孩子,毫无疑问很少锻炼身体,或者不曾锻炼过,所以体格力量得不到发展,甚至会逐渐消失。"

我:"那么你就是承认身体力量在不同的使用过程中会相应地有所增长,是吗?"

他:"当然!这和磁铁的情况是一样的。在可承受的极限范围内,磁铁的磁性越强,它的磁力就越大。"

我:"很好!你承认了人的天资会随着人们所从事的活动和接受的教育的不同而有相应的发展,这对我来说是巨大的收获。"

他:"谁会否认这一点呢?但是,这和我的观点有何不同呢?"

我:"和你的观点没什么不同,但是却能很好地帮助我树立我的观点。为了将一个具有同等天资的人教育成一个比他人更优秀的人才,我们有必要从婴儿时期起就对他进行最细心最得当的教育,来发展他天生的能力。"

他:"你错了。这种情况虽然是有可能的,但是我们不能从可能性得出实际的结论。"

我:"对不起。是你错了,因为我们还没谈到现实问题。你已经承认了这种可能性,这就是我想要的。"

他:"我的朋友,你好像是想先用无形的线把我缠住,然后突然大喊一声,'抓住了!'但这是没用的!如果你的主张含有内在的真理,你就应该直率地跟我讲。"

我:"我一直都很直率啊,我也会继续直率下去。我要证明给你看。那就从你否认得当的教育可以使任何一个身体健康的孩子成为一个杰出的人才开始吧。"

他:"是的,我依然不同意这种观点。"

我:"那么,我们都认为人们生来在身体、精神和心理各方面都是有差异的。智力超常的和智商很低的孩子都只是少数,绝大部分孩子的智商处于平均水平。我们已经假设了天生的智商值可以测定为1到100,智商有缺陷的孩子是1,智力超常的是100,而大多数孩子的是50。你也认可了我说的,十个智商一般的孩子,他们会因为受到某种程度的关注而有相应的发展,结果会大相径庭;如果没有得到运用或发展,甚至是受到了抑制的话,有些能力会彻底丧失。是这样吗?"

他:"是的,是的!然后呢?"

我:"也就是说,我可以从中推断出,为了把这样的孩子培养成优秀的人才,要做的就是细心得当地培养孩子的天分,也就是他的智商。"

他："很好。我承认这样的孩子假以时日，会比那些当初与他们智商相当却接受了低劣教育的孩子更加优秀。但这能证明与我的观点有什么不同吗？我也可以假设这十个孩子中有五个被教育得很好。你肯定也不会否认这种可能性吧？"

我："我可能会否认，因为一个人受到良好的教育是很少见的事情。但是，一般观念来说，我同意你说的这一点，但是从这个意义上来说我做不到。因为我明白，特别好的教育是，孩子的父亲已经命中注定或是被其父母教育得极其优秀；父亲要具备必需的健康、时间、学识和经验，能够给孩子提供特别优质的教育；此外，他对孩子的教育还要有发自内心的愿望和钢铁般坚强的意志；他要选择合适的职业、主业和次业、住所、配偶、朋友、熟人，甚至佣人。他必须能够并且愿意时而像隐士一般生活，时而外出旅行；时而生活在大都市，时而生活在农村；时而在地方的小城镇，时而在大学校园，又或者在首都。那样，才可能会出现我理想的教育，一种完全不同的教育，在这种教育下，孩子们的潜能才能以最佳方式得到最大限度地开发。

我的理想就是能够随着环境的变化随时做出改变，感谢上帝让我有机会至少接近了我的目标。我本应乐于给儿子这样一种教育，那就是只要有必要，我就可以迅速地做出改变。但是你很容易理解，这些远远超出了我的能力，而只有在这样的条件下，我才有可能均衡地培养他各方面的能力，并让这些能力最大限度地得到完善。"

他："非常好！可是谁能做到这样呢？"

我："你会承认的，这并非不可能。如果以这样的方式教育一个孩子,就会很明显地看到,教育使他远远地超过了原来与他差不多的孩子。"

他:"是的,如果我假设,有这么一位英明的、学识渊博的、有能力的、好心的,且意志坚定的父亲的话,那你就是对的,他可以把孩子教育得超越那些本来与其相当的人。但是你的主张只是理论上的多一些,而实际的东西太少。按照你的理论,这样教育出来的孩子也将超过那些天生智商为 60、70、80 和 90 的孩子。你看,我把你儿子的智商测定为 100,够大度的了吧!"

我:"别这样! 如果你说的是对的,我就会接受。我们很快就可以看到你有多正确了。我说过,'即使是普通的孩子,只要教育得当,也将成为不平凡的人。'优秀的人才并不非得是整个国家数一数二的人物。对于智商高达 80、85、90、95,甚至 100 的孩子们,以及那些智商天生只有 25、20、15、10、5,甚至是 0 的孩子来说,如果能超过几千个人,他就会很满足了,因为他们所属的人群本来就很少。尤其想一想那些天资聪颖的孩子,这种情况下,他们的高智商很有可能弊大于利。"

他:"怎么会这样呢?"

我:"那些强盗、乞丐以及穷苦劳工的孩子们,如果拥有高智商,会更容易受其害。因为他们所处的生活环境,几乎无法让他们的天分得到适当的发展。因而,他们就有可能像一粒要发芽的种子却受到一块石头的重压一样,无法正常发展只得走一些弯路。而这样的弯路往往是一种歧途。这种人智商越高,我就越为之担忧。同样的资质换一种环境,或许会成为高尚的人,成为国家栋梁之才,但是在这样的条件下,很容易沦落为诡计多端的骗子或者是流氓。他的思维能力越强越敏锐，这种情况就越会发生，因为他们缺乏必要的宗教信仰和内外的道德约束。他不习惯自愿放弃，不会默默地屈从于上帝，也不懂得聪明地忍耐。他力量越强大，就越会努力冲破他周围的一切，最终结果就可能是不思进取，或者已得的荣誉让他沉迷于标榜自己，甚至最终走向绞刑架。因此，处于这样的环境中的高智商孩子根本不值得考虑，因为那些智商只有50但却受到了良好教育的孩子会比他们更出色。

现在让我们上升至更高的社会层次。我们先把极端现象集中分析一下。确实，上层社会的孩子可能会受到最好的教育，但果真如此吗？我希望答案是肯定的。因为他们的生活环境让他们拥有获得最好教育的各种条件。我说的是外在条件，比如财富、见闻各种有趣事物的机会、和杰出人士的交谈、利用各种有益于智力发展的事物等等。如果孩子的父母也具备内在条件的话，这些因素只要运用得当，那么上层社会的孩子们就一定可以成为最优秀的人才。如果一位高贵而富有的父亲，不想或自身没有能力给儿子提供良好的教育，但他足够明智，从中产阶级中为他儿子选择一位优秀的教育者（从这个意义上来说也就是一个慈父般的人物），要是他真能幸运地找到这样一位教育者的话，他就不用支付太多的报酬。我想最重要的一点是，他要给这位教育者充分的自由，让他自主实施教育。如果孩子的天分极佳，那就再好不过了；如果孩子资质平平，那就更需要有这样一位教育者；如果孩子的智力偏低，那这样的教育者就是绝对不可缺少的了。但是我看到这些因素常常遭到忽视！

在选择教育者时，他们往往问的不是哪一个更好，而是哪一个更便宜,哪一个最温文尔雅,甚至是他来自哪个国家或者属于哪个阶层。有一些父母对教育者的管理权限划定种种范围。还有一些父母对教育者缺乏应有的尊重和友善,所有这些都会对孩子造成不可挽回的伤害。

有没有哪个上流社会家庭能为了孩子愿意并且有勇气牺牲自己的交际人脉、偏见、舒适、娱乐以及感官享受,以坚决让孩子远离这些他们原本生活的日常呢?我会说没有。大多数这样家庭出身的孩子不都是从小就见多了这些并感到厌腻了吗?假如这些父母将自己纯粹的血统遗传给了孩子,那这些孩子不是在幼年时期就受到腐蚀了吗?他们的身体不会虚弱不堪而毫无活力吗?尽管这样的教育方式也许会造就出小赫拉克勒斯①似的人物,拥有阿波罗②的心智力量,但是对于这样的孩子来说还有什么效果呢?

在上流社会里,出类拔萃的青年并不常见,他们在那样的环境中生活多年,智力都普遍有所增长,因为每天都会有诸多见闻和体验的机会训练他们的思维;还因为他们经常置身于办公室,这对他的发展也很有好处,因为相关的活动都将磨炼他们的智慧,提升他们的洞察力,使他们能够参与并完成一些重大事件。

我的朋友,稍加反思,你就会觉得我应该为此感到害怕,但事实上并没有什么可怕的。在上层社会中,真的没有多少年轻人,甚至没多少孩子,在身体、智力和心理方面展现出超人的能力的。或者说,你有不同的看法吗?"

他:"很遗憾,没有。但这和我们谈论的话题有什么关系呢?"

---

① 古希腊神话中的大力神。
② 古希腊神话中的预言与光明之神。

我："这可以向你证明，一个智商为50的孩子，如果真的能够接受到尽可能优质的教育，那么他总有一天会超过那些上流社会的青年们，哪怕他们天生智商是80、90，甚至100。"

他："这非常，非常不妙。但是我找不出你有什么地方不对。"

我："这样一来，我们就只剩那些富裕的中产阶级出身的孩子没有讨论了。由于这个阶层是整个国家的核心阶层，所以我会多说一些。中产阶级的孩子们可能会得到较高程度的发展。这里又涉及到我说过的情况：如果教育的水平已经发展得足够高，父母和教育家通常可以取得所能取得的成功，那我的观点就是错误的。但就目前情况而言，我实话实说，很多次他们都是完败。我时常惊诧于这么聪明的父母怎么可能会错成这样，而且这几乎成为了日常现象。我告诉他们怎么做，他们根本就不听；或者是听了也意识到了，但是不采取任何相应的实际行动。

只要父母最喜欢某个孩子，只要他们对孩子情感上的爱大于理智上的，本能的大于人情的；只要对他们来说，孩子比不上金钱、社会地位、快乐以及社交圈子，那么他们就永远不可能成功地让自己的孩子各方面能力都得到最大限度的发展。而即使一个天分差一点的孩子，但是父母为他做了能做的一切，那他也会超过那些比自己天分好的人。

而且，思维活跃的人比迟钝的人更容易失败。因为他们更容易做坏事，也更难认识到自己的错误。你很快就会发现，一个被优秀的教育者进行理想主义教育的人会很难发现超越自己的人。"

他："当然如此。但你必须承认，天分更高的人若是接受了同样优质的教育的话，他的发展程度会更高。"

我:"这是毫无疑问的!"

他:"那他会发展到什么样的程度呢?"

我:"达到对我们来说未知的完美程度。比如,我们必须进行复杂计算的难题,他能瞬间算出结果;对我们来说艰难的工作,对他来说小菜一碟,就像轻松愉快的玩耍一般。只有人类的极限才能制约他,除此以外,别无他物。"

他:"你认为有人能够被教育到这样的水平吗?"

我:"当然了!我可以发誓。我不仅这么认为,还绝对相信这一点。"

他:"好吧,我不相信这些,是因为这会带来很多烦恼。"

我:"烦恼?什么烦恼?"

他:"很多,非常多的烦恼!对于上层社会和底层社会都是如此。"

我:"你让我感到很好奇,我不明白。"

他:"你是好奇,而我是惊奇,因为这是明摆的事情啊。"

我:"所以我真诚地请求你解释给我听听。"

他:"我很乐意给你细说。假设世界上会有天使一样的人,他无论身处何方,都能毫无偏见地辨别真相,都只尽责地过问什么是正确的、真实的、美丽的、好的、合理的、适当的等等。最后他还可以轻而易举地完成对我们来说很困难的工作,并且完成得更好。你认为这是有可能的,不是吗?"

我:"很有可能。实际上,如果我们的常规教学,尤其是教育,能朝着正确的方向发展的话,我希望一百年之后会有很多这样的人存在。"

他:"所以我深切同情可怜的人类,因为我们将不得不经历另一场革命。"

我:"为什么这么说呢?"

他:"这是自然而然的。根据你的想法,将来会出现这样一种人,他们将远远超越其他人。"

我:"抱歉,我必须要打断你一下,并不会远远超越。到时两者的差距不会比我们现在的优秀人物与其他人之间的差距大的。别忘了,我还有附加条件呢。假如我们的教育能一直沿着正确的方向发展的话。如果真是这样,那整体就会保持均衡。未来接受良好教育的人当然会比现在接受良好教育的人更加优秀。但是,那时整个人类的层次都会提升,并接近优秀人物,就像我们人类现在向最有学识的人靠近一样。"

他:"这些好像使我不那么反对了,但是并没有完全消除我的异议。这样的人在任何情况下,都居于令人惊叹的高位,因此他会希望人类都向他靠拢。换句话说,他将会希望他可以向世界推行公平、公正、真理、美好、善良、理智、责任等等,一旦遭到反对,他就会引发一场革命,否则就会精神错乱失常。"

我:"这种情况现在也有可能存在,从人类社会之初就存在这种可能性。卓越的人物不止一次地撼动了道德世界。但是,只要我们相信上帝,我们就必须为了全人类的利益而允许这种事情发生。另外,不要忘了我说过,更优质的教育一定要让人的各方面能力得到均衡的发展。这样一来,人就一定会善良、温和、忍耐;他对他人的爱和同情也会减少他的欲望和行为中锋利的棱角。"

他:"如果这些都没发生呢?"

我:"既然你是从我们的假设出发的,假设更优质的教育能让人的所有能力得到均衡的发展,那么你的异议我就会不为所动。我会更有力地证明我的观点,而不会感到尴尬。"

他:"真的吗?"

我:"是的。你会承认一把锋利的刀子可以被正当使用,也可以充满邪恶,比如吃食物和杀人,对吗?难道因为这把刀子被不当使用,我就要减少对制造了这把刀子的工匠的敬意和尊重吗?"

他:"当然不能。"

我:"我的儿子在长途跋涉期间,在进行一些费力的工作之前、期间和以后,都可以喝酒。我甚至鼓励他喝酒,尽管他平时不喝。假如很不幸,他因此而成为了一个酒鬼,身体和精神都受到了伤害而变弱,那么我应该因为把酒当药给他服用而受到责备吗?"

他:"肯定不应该!"

我:"写作艺术、印刷术和火药的发明、美洲新大陆的发现等等,这些发现发明都给人们带来了巨大的好处,但同时也引起了很多灾祸。难道它们因为这一点就应该受到憎恨和鄙视吗?"

他:"不,不!"

我:"难道我们应该像我们的父母那样吗?他们三四十年前特意不让女儿学习写字,这样她们就没办法写情书,结果却使她们沦为了骗子、浪荡之徒和皮条客的网中猎物。"

他:"千万不要这样!"

我:"好吧,那就让我们真诚地做一些力所能及的好事儿吧,相信上帝会阻止邪恶的后果,而促进美好的结果的。难道我们能因为华盛顿和富兰克林进行了一场革命,将北美人的地位提高至统治者的宝座,就希望不要出现华盛顿和富兰克林之类的伟大人物吗?'在英国,那些统治者如果能够友好地对待殖民地上的民众,就不会发生革命战争,而人们也一定会获取上天赐予的快乐。'这些包含了所有我想说的内容,比你想的还要多。"

他:"哦,我明白了,你是完全正确的。上天保佑,这种事情以及其他类似的事情能够产生它能产生并且是应该产生的结果。"

我:"希望如此,因为人类是在不断发展的,而且感谢上帝,是朝着更美好的方向发展的。我只能回顾过去四十年,而就在这四十年间,我们仿佛历经了至少四百年的历史。我亲眼目睹了历史的剧变,并不止一次地因为剧变而感到恐惧。但我仍然要说,当前的时代远远好于旧时代。作为一个上了年纪的人,我很容易引发对旧时代的偏见;作为一个有阅历的人,我知道在这个世界上,邪恶在千万倍地增长。然而,我依然要祝福命运,他让我一直活到今天,而真理与理性也在奋力前行。人类的权利得到了公认,尽管有些地方带有愤怒不满。那些曾经被法律视为低等生物而任意践踏的阶层,现在也站起来堂堂正正地做人了,因为社会需要他们并开始为他们着想。"

他:"是的,你说得又对又好!但我们这番谈话让我想起了另一种异议。让我们看看你能不能也驳倒这个异议。"

我:"我很乐意一试。但让我先问问你,你认为是谁造就了这些辉煌的成果呢?是你眼中更优秀的人物还是更差的人呢?"

他:"你说这话是什么意思?"

我:"我是什么意思现在不用考虑。我们首先要关注我所说的问题。所以,我再问你一次,这些公认的辉煌成就是那些接受过特别好的还是特别差的教育的人的努力成果？提醒你一下，我所说的教育还包括时间、地点、环境、交往、发生的事件、世事变迁等各种因素。"

他："现在我明白了。是的，这些成果肯定是通过那些最有学问的人才获得的。我不会愚蠢到引用法国那毫无人道的暴行来反对你的观点的。"

我："如果你关注真理、正义和公平的话，你就不会。正是与之相反的傲慢、顽固和软弱才引发了让人深恶痛绝的人和事。这些人一旦掌权，就会首先打击那些更英明更优秀的人，因为这些人总是反对他们残忍的、非理性的行为。别忘了，不论什么时候，只要谈到恶龙，就会同时提到这种生物产生和藏身的沼泽或是洞穴。如果从一开始就摧毁沼泽和洞穴，就不会产生邪恶的龙。如果在恶龙出现之后，再摧毁沼泽和洞穴，那么恶龙会很快消失，而它所犯下的罪恶也至少会被摧毁。"

他："我明白了，你说的没错。但现在是不是该谈一谈我的异议了？我希望你能驳倒它，因为在我看来，它比第一个异议更重要。"

我："也许十五分钟以前你不会这么说。不过，还是让我来听听吧。"

他："你说，未来个人会发展上升至更高的层次，整个人类社会，或者至少是整个国家也将达到一个更高的文明层次。你认为可能会有这样的时候，是吗？"

我："当然是的！作为一个人，我希望如此；作为一个有阅历的人，我相信如此。我对此深信不疑，因为我是一个理性的人，因为我相信万能的、极英明的、至善至美的上帝。"

他:"非常好!我不否认这一点,这是一个美好的、鼓舞人心的想法。可是到时候我们的劳工从哪里来呢?因为现代社会中,劳工处于社会底层,在接受教育得到提升之后劳动阶层从何而来?"

我:"你错了,我的朋友!这种情况在进行全面教育的情况下永远不会发生,至于片面教育(现在通常称作教化教育),不在我们考虑之列。正如我说过的,届时,人的各方面能力都将得到均衡发展,因而他的心灵、性情、善意、道义、以及宗教意识都会均衡地得到尽可能的发展。美德与对上帝的敬畏,和博爱一样都要在优质教育中得以完善。从而,为了让上帝满意,他将尊重自己的职业,热爱自己的责任,会乐意完成自己的工作任务。"

他:"亲爱的朋友!这些我都不相信。什么?你是想说一个相当有学问的人会愿意去干挖掘、犁耕、耙地、收割、脱粒等粗活吗?不可能!"

我:"是你错了。比如,有些牧羊人,他们收入微薄,但却忠实地诚心诚意地从事这份相当卑微的工作。事实上,他比许多将军、大臣或贵族的文化修养都要高,但是出于对自己工作诚挚的热爱,他依然乐于劳作。"

他:"我想认识一下这样的牧羊人。"

我:"你会很容易认识到的。去读一读有关戴维克劳斯的书吧,他是哈尔伯施塔特的一个放牛人。堪赛斯托里亚拉斯·施特劳斯特描写过他的生活。

克雷乔格也是这样的一位农民,而且我还认识类似的工人。他们的生活层次提升了很多,但依然真诚地热爱自己的工作,并且心情愉快地尽到自己的职责。如果教育方式正确的话,就会产生这样的效果。如果学校教师和乡村传教士都愿意尽职尽责的话,他们肯定是被辜负的人。他们有大量琐碎的机械性的工作要做,因而就会有许多令人不愉快的事情要处理。乡村传教士从事的工作有时候甚至会危害到自己的健康和生命。我认识从事这两种职业的人,他们都曾接受过良好的教育,而这两种工作都让他们不得不艰辛地生活着,要与自己的欲望做斗争,但他们看在上帝的份上,仍然愉快地做着每一件事。你明白我的意思吗,朋友?在他们的心目中,就像在宇宙中一样,上帝统管着一切,他们想以最佳的方式来滋养自己内心这个天国的小角落,他们谨遵诺言:'若你对待小事都那般真诚,你就可以掌管十座城。'

因此,真正的文明中是没有危险的。工蜂会像从前一样愉快地劳动,它们在上帝自由的天空中飞来飞去,寻找对他们有用的花朵,辛勤地采集花蜜和蜡尘。他们将会像从前一样,在为自己和公众谋福祉的过程中找到属于自己的幸福和骄傲。如果这种事情没有发生,那就是我们教育者的过失。

假设劳工阶层中甚至有些人上升到了上层社会,牧羊人的鞭子变成了笔,农夫的犁耙变成了画家的画笔和雕刻师的工具,你认为怎样呢?"

他:"这些话正是我一直等着的。我是说这确实有害,因为我们将没有体力劳动者了,将不再有为我们生产和准备生活必需品的工人。因此,我们将会缺吃短喝,饥寒交迫,因为底层社会的人都受到了良好的教育,都变得太文雅高尚,太高贵娇弱了,他们不再乐意面朝黄土背朝天地劳动了。"

我："冷静点,我的朋友!总会有很多人依然愿意做劳力的。我对此深信不疑,是因为人的本性一直并且永远存在差异,这一点亘古不变。可能是由于人性的某些与生俱来的弱点,比较懒散,喜欢做最简单的事情,以及我们对户外活动的普遍喜爱等等。比如有些人喜欢打猎和捕鱼,不管这些工作多么卑微,他们都带着真正的热情和快乐投入进去,乐在其中,甚至不乏最高贵的人也是如此。所以,至于劈柴和挖掘这种工作,我也不用担心,因为很多有学问的人都做这种工作,他们为了治疗自己的忧郁症,还会犁耕、收割和脱粒等。因此,一直以来,乐意做这些低微工作的不乏其人。我比较担心的是,在日趋完善的情况下,我们会有太多的失业人员。"

他："你真够奇怪的!我想这不是你根据前面所说的话推断出来的。"

我："不是直接得出来的,但确实是间接的结论。我们都知道,现在就有些国家的失业率非常高,因为更高层次的文明,投入使用了火、水和空气,从而在一定程度上取代了人力。"

他："哦,你指的是英国。"

我："是的,还有很多其他地方也是这样。就在昨天,我参观了一个工厂,那里有一台小小的蒸汽机,却在进行着原本需要三四百人做的工作,而且还做得更好。而这家工厂已经纳入了第二台蒸汽机,这会使一千多人面临失业。谁知道,一百五十年后,我们是否就会使用机器来进行挖掘、犁耕、收割、捆扎、运输等,就像现在用机器来驱动和铺路一样。"

他："你让我想到了一个有力的反驳问题,无疑,我要问你,这些剩余劳动力要怎么安排使用呢？将会有许多剩余劳动力，到处都是，而且人类文明不断地发展进步，而世界人口每年都在增长，比如，天花的接种疫苗也挽救了很多人的生命。"

我："我亲爱的朋友，这是上帝的事情。如果上帝赋予了我们力量和意志以发展提升，那向更高层次的发展就是我们的责任。让人类整体的发展保持平衡是上帝的事情。他肯定会这么做的。一百年前，人们也许会认为我们所经历的一切不会给我们带来幸福快乐的，但事实并非如此。同样，我们现在也大可不必为一百年后的状况而瞎操心。假如我们拒绝更美好的事物，也不帮其发展的话，我们就是荒谬的、没有理性的，严格意义上来说，我们是对上帝的大不敬，因为我们目光短浅，看到的只是今后一百年会出现的各种困难。我的朋友，人类要花很长时间才能把欧洲所有的耕地翻土、种植、除草；需要更长的时间使得亚洲、非洲和美洲成为不再有荒地的乐园。时下，人们或出于懒惰、偏见，或出于对自己出生地愚痴的热爱，不愿意移居他地。然而，通过人类教育水平的提高，上帝会迫使他们将注意力转向其他地方。这样，在普遍高尚化的环境下，整个世界将成为上帝的大花园，在这里人们会欣喜地看到各种人类劳动的痕迹，无论是体力的，还是脑力的。

大量的原法国居民现在定居在了美国。命运让他们迁移到那里，我认为这不是偶然，而是必然的。谁知道移民在几百年后会有什么重大的影响呢？饥荒时期，大批瑞士人迁移到俄罗斯和美国。这样更好，因为他们在那里比原来生活得更舒适，也对人类的发展更有好处。"

他："但是，什么时候世界将会人满为患呢？这总有一天会发生的,那是什么时候呢?"

我:"我亲爱的朋友!这是一个秘密,或者说是谁也解不开的谜。上帝自己保守着这个秘密,就像男女性别比例一直保持平衡一样。就我们目前的教育水平而言,我认为对这样的问题发表见解不仅是愚蠢的,甚至是鲁莽无礼的。这是上帝的事情!"

第六章 我打算把儿子培养成一个早熟的学者吗？

我并没有打算把我的儿子培养成一个学者，更不用说让他成为一个早熟的学者了。我说的确实是真的，但是如果很多读者感觉这个说法太奇怪，甚至无法相信，我也不会惊讶。

但是，让我告诉你们我想让他成为什么样的人，然后你们自然就会清楚我不希望他成为什么样的人了。

我希望把他培养成一个气质高贵的人。只要我的条件允许，我有能力，并且我的学识和经验也会助我一臂之力，我就会让他首先成为一个健康、强壮、积极、快乐的年轻人。这一点，正如大家所看到的，我做到了。

他即将带着这份宝贵的素养迈入成年。他将会在身体和智力方面都尽可能达到最大限度的发展，并且保持协调性。如果他仅仅成为一位卓越的拉丁文或希腊文学者，或者一位数学家的话，我会很不开心。鉴于这个原因，每当我发现某种语言或某个学科过早地引起他的关注的话，我就会加以干涉。

在锻炼和加强他的感知能力方面，我也是这样做的。在训练过程中，我仔细认真地尽可能让他的感知能力得到均衡发展。

在我妻子的帮助下，我以同样的方式锻炼了儿子的其他能力。唉，都是些人们很少关注到或考虑到的能力，比如判断力、想象力、细腻的情感等等。仔细考虑我以上所述，每一个明智的人都会懂得，我们作为卡尔的父母，更注重的是孩子幼小心智的培养。从他婴儿时期，我们就一起努力，根据内外道德准则，特别是最虔敬的准则，来调整孩子的喜好——有些喜好应该受到压制，而另外一些会受到鼓励与促进。

不难看出，我脑海中浮现的画面，与二十年前学者们的很不一样，但是与现如今学者们的稍有相似之处，或许再过二十年或五十年，会更加相似。

考虑到我以后孩子的教育问题，不得不说那些我认识的并尊敬的所谓的学者们，大多都是脸色苍白、身体羸弱、死气沉沉，在社会上常常腼腆而笨拙。当然，我在这里说的是普遍现象，至于那些特殊的例外则另当别论。他们外观的感知几乎不会超出书本之外，而内在的洞察力也仅限于自己的行业。正因为如此，只要是非同行们在一起，谈话就会枯燥无味；谈到日常发生的事情，他们发表的见解往往目光短浅。由此，他们在社会上，在高雅的环境中，总显得那么荒谬可笑。人们说到他们，往往通用的评价就是"他是个迂腐无用的学者"，或者"十步之后，你就会发现他是一个学者"。关于这一点，发生了多少荒谬的事情啊！这些事情很容易就可以写满一整本书。

在社会上被认为是才子的年轻人，凭借自己的温文尔雅就看不起普通人。常常出入一些演说场合,靠背或是从哪儿抄点东西的人,他们靠着精心挑选的纯正德文,说话和写作时用的高雅的措辞使得自己强大的想象力受到关注,但是同行们很快就会发出质疑。我不止一次听到他们这样评价:"某某人不可能有什么学识,他只是写诗文来标榜自己而已。"

另一方面,有些人的论文冗长而枯燥,包含杂乱的章节,尤其常常引经据典,这样的人常常会受到赞扬,比如"他一定会大有作为的,因为他在古籍方面训练有素"。

好个古籍哦!古人们若是知道这么一个拿不出手的书呆子被拿来和他们相提并论,他们应该会讽刺地笑出声吧。要知道,这些人一天到晚的生活就是重复同一件事情,在家门口喋喋不休地谈论自己国家或城市的事情。

请注意,这些人基本上都很关注国家的兴衰,而那些博学的工匠们却只关注到国家的存在。

人们几乎无法相信,学者中最杰出的一位会跟他的学生们说,只有拉丁文和希腊文才是一个明智的人要学习的东西,而其他所谓的科学(除了考古学)和现代语言就像孩子们的游戏一样,在茶几旁随随便便就能学会了。

这个问题的核心让我想起了一些耳熟能详的经典表达,比如"学者的嫉妒""学者的傲慢""大学的阴谋"等等。这样,大家就会相信我并没有打算把儿子培养成专业学者了。

然而,即使他还是不得已成为了一名学者,我也会尽我所能,至少不会让他过早地成为学者。根据我自己的经验,根据我的老师们,以及教育界先驱们的教育理念,过早成为学者的人就好比温室里的植物，一个不健康的孩子，一个儿童僵尸。如果我让自己把儿子过早地培养成学者的话，那我就严重违反了上帝的旨意，也违背了我儿子的意愿。

我所希望的就是，我儿子在十七八岁时，能做好充分的准备去上大学，但他到时应该接受了全面的教育，具备多方面的能力，可以与任何毕业生竞争，并且一定要有能力超越他们。这就是我的全部希望，除此以外，别无所求。

第七章　我儿子是如何成为早熟学者的

这件事情发生得自然而然。如果我的朋友格劳比茨是正确的话，那这件事情就不可避免地会发生，因为他是最了解我的人。尽管卡尔资质平平，尽管我厌恶早熟，但是他所接受的教育为他的发展打下了牢固的基础。这就好比把一个球放在了斜面的顶端，结果是它肯定会滚落下来。

当时我并没有意识到这个事实，因为我还没完全熟悉人的天性，以及这种天性的力量与完美性。我只是从我周围所见所了解的来进行判断，因此不可避免地会出错，我也不得不更深入地研究人的天性。

人的天性高得超乎我们的想象，但是在所谓的常规教育下却看不出来。常用的教育方式就像是一辆又大又笨重的运货马车，无法脱离深深的车辙，也不能跑得更快一些。这种教育方法，鉴于其平庸的，或者更准确地说，是准备不足的头脑，不会尝试做出什么改变的。

这些人如同乏味的旅行者一般，他们走在马车的旁边，更愿意信任马车，马车速度越慢，他们就越确信是在前进。马车一旦行驶得快一些，这些可怜的家伙就会吓得失魂落魄。至于那些虚弱的人，将只能完全落在后面，任由马车离他们远去。

而一辆轻便、舒适、安全的四轮马车就很不一样了。用不着很多匹马，它可以轻快地奔驰超过那些缓慢的运货马车。然而，运货马车和四轮马车的赶车人如果相互看不起或互相指责的话，那他们就太愚蠢了。这两种速度都有自己的作用，各自适应不同的环境。他们如果做出改变，就会过于勉强、不自然。或许会出现某种原因，让他们的速度都有所改变，但这种情况很少见。下坡的时候，运货马车的赶车人会跑得更快，他的随行者们也能跟上；而在深厚的沙地里，在沼泽地中，在石砾之间，四轮马车也会行驶得更慢一些。这些都是理所应当的事情，只有愚蠢的人才会想要去改变。

卡尔还在他妈妈和我的怀抱里就学了很多知识，有一些是别人很少想到要教给孩子的知识。他认识了各个房间里的所有物品，并且能说出它们的名称。房间、楼梯、院子、花园、马厩、水井、谷仓——从大到小的所有物品，我们都经常指给他看，并明确地告诉他这些物品的名称，然后鼓励他也尽量清楚地说出它们的名字。只要他说对了，就会受到爱抚和表扬；而如果说错了，我们就会很果断并冷静地说："孩子他妈妈（或爸爸），卡尔还不会发这个音或说那个词。"

就这样，他付出了很大的努力认识了所有物品，并且能准确叫出它们的名称。不久以后，他就正如我们所想的那样，可以发所有字的音了。他不存在口吃或结巴的风险,因为他不得不说得很慢,而且从无压力,不会有所顾虑。他自由地思考与表达,但是他必须思考,然后充分考虑之后再表达。

我们实在受不了许多父母和保姆的愚昧做法,他们最初教孩子语言的时候,用的是所谓的婴儿语言,其实就是胡言乱语。我们在教孩子说"奶牛"时,不能说"哞","羊"不能说"咩","猫"不能说"喵呜","狗"不能说"汪汪",也不能说"哞——奶牛,咩——羊,喵呜——猫,汪汪——狗",而只能教他们说"奶牛、羊、猫、狗"。只有在教某一同类的小动物时才会使用昵称。我们告诉他,只有在指幼狗或小型狗的时候,才会用到"小狗(doggy)"这个词。如果是年龄小,我们特意说它是一只"非常幼小的狗";但如果它只是身材矮小,而不那么可爱,也不幼小,那我们更倾向于称它为"小型狗",而不是"小狗"。我们应该让他注意到,昵称往往有可爱与有吸引力的含义,还带有人们对被称呼对象的喜爱之情。

我们还给他举例:"你调皮的时候,也就是你言行举止有所不当的时候,你几乎不会听到我们叫你卡尔文。是的,我们肯定会叫你卡尔,不是吗?"

我们仔细留意这个区别,还有些类似的状况也是如此。和他在一起的时候,我们总是说纯正的德语,换句话说就是书面语。我们说的都是浅显易懂的语言,都是深思熟虑后的用语,然后大声地、清晰地,以适当的缓慢的语速说出来。我们在声调上严格要求自己,绝对不能出现任何错误。每一个字我们都尽可能说得完全正确,而那些晦涩难懂的句子或短语,比如那些意义不明确的话,我们都小心翼翼地避开了。

他从来没听到过、也没说过那些,因此,他没说过混乱的咿呀之语,因此也没有必要再费力去忘掉那些话,以重新学习正确的语言。

唯一一件让我忍耐了一段时间的事情是使用第三人称说话,而不是使用抽象的"我、你、他"等等,因为这个深深地扎根在没受过教育的人和小孩子的天性里,他们很难克服掉。但这种情况只有在我们想让他完全弄清楚的时候,才会不可避免地发生。不久,我们就开始做出些改变,会时不时地用"我、你、他、她"来表示"爸爸、妈妈、卡尔",就这样,我们一个一个地给他解释,让他做好准备,帮助他使用更正确的表达方法。之后没多久,我们会毫无恶意地,对他开玩笑地说:"你要是再聪明些就好了,我就可以对你用'你(thou)'了。"

这么一个调侃无知和蒙昧的善意的玩笑,却促进了儿子付出努力去学习那些他还不知道的事物。

卡尔以这种方式,很早就学会了认识周围的一切,并且准确地说出名称。只要是他能发出的音,他都会用纯正的德语说出来,就好像他已经在一本专门为儿童写好的书中看到过一样。事实上,他也不可能说出拙劣的德语,因为他从我们这里就从来没有听到过。他的发音那么准确、清晰,以至于这个小小演说家时常会让我们会心地微笑,也常常得到陌生人的称赞。

显然,对母语的正确学习使得这个孩子在很小的时候就非常聪明,因为他可以把注意力和心智不断地付诸行动。他一直被我们要求去探索、辨别、比较、倾向、选择、舍弃,总而言之,他必须要努力工作,那就是思考。如果他在这方面进行得正确,我们就会予以表扬；如果出错，我们就会开玩笑似的责怪他，或者给他提供有帮助的建议。然后，他就会又一次完成自己的心理历程，会很开心，会因为努力后获得成功而快乐，也会因为受到父母的表扬而高兴。

此外，这对记忆力的作用也是巨大的。如果发生以上所提到的事情，那就需要一定的词汇量，这样一来，记忆力就必须积极活跃起来，以掌握并记住这些词汇。假设一个孩子在五六岁的时候就掌握了庞大的德语知识体系中三千的词汇量，这是一个受到特别好的教育的孩子很容易做到的。请看看这种情况下记忆力得到了怎样的训练和加强吧！如果这个孩子习惯了这种记忆，并且喜欢思考之余谨慎表达的话，与此同时他将会受到多有力的促进啊！他几乎不需要帮助，仅凭自身的能力，就能学好语法，比如正确地辨别出名词和动词的各种变化。只有在他开始习惯阅读之后，他才会用到系统的语法知识，要么从父亲的口中得到，要么从书本上学到。

以前人们对这方面的认识都比较含糊，因此，教学都是从古老的语言开始的。这是可悲的，也是不可原谅的，人们忽视了孩子们的母语学习，而用枯燥死板的语言使孩子们承受了过多压力，从而抑制了他们早期的智力发展。

这种早期对母语的掌握使得卡尔一天天地愈加了解了语言深层次的东西，为他以后具备学习外语的能力做好了充分的准备。

这些语言中，在其他情况下，会使他厌恶和害怕的东西，现在对他来说，是新的但并不完全陌生。在母语中，他已经学过类似的知识，并且掌握住了。他所需要做的就是做出一些调整，之后这些陌生语言对他来说就很清楚明了了。由于他已经习惯了思考,这种领悟与掌握就会给他带来诸多欢乐,因为他深知,努力拼搏就会取得成功,而这种成功使人愉悦。

所有这些的自然结果是,他在只有八岁的时候,就可以毫不费力地阅读荷马、普鲁塔克、维吉尔、西塞罗、奥西恩、费内伦、弗洛里安、梅塔斯塔西奥和席勒等人的原著了,并且在阅读的过程中带着十足的快乐与真挚的热情。时隔十六个月,哥廷根伟大的语言学家海涅谈到卡尔时写到过:他睿智、有头脑,能够正确地推测出他本不知道的东西。海涅的评价无疑是正确的,因为他之前在几千个受到测试的孩子之间,对卡尔进行了仔细测试。如果卡尔做不到现在这样的话,我会承认自己的教育方法是失败的。这里有海涅对维兰德说的原话:

尊敬的老朋友:

威特牧师和我谈起了你对他儿子的美好祝愿,以及对他进一步教育的计划,他的话语中满是对你的感激与赞美之情。

尽管我遵循自然法则,不赞成少年早成,但我也同样认识到自然本身也有特例,我们有责任据此迹象来促进更有能力的大脑在早期获得开发。从这方面考虑,也为了更深入地研究这个孩子的资质和天生的能力,使其获得更广阔的发展,为了孩子好,我说服自己更近距离地观察他。通过测试,我会得出自己的判断,而不受其他人的观点和赞赏者们的影响。这么做,不仅仅为了把他当作自然的产物来观察,不仅仅是因为他适合这个实验,还是为了判定,通过为他量身制定的教育方式,有没有可能把他培养成一个快乐的、人道的、谦恭的、对社会有用的一分子。这真的或许不是一件容易的事。

这个孩子身心都很健康,超出了我的预料。我用荷马和维吉尔的作品试了试他。我发现,他有足够的词汇和信息储备来翻译并理解原作,用再精准不过的语法和逻辑知识准确地推测出上下文的意思。对我来说,他最不同凡响的一点,就是有感情地阅读。除此以外,我在他身上没有发现任何别的超常的思维能力,没有惊人的天赋,记忆力、想象力、智力,都处于均衡状态。在其他方面,不需培养的方面,我发现他是一个快乐健康的孩子,不会调皮捣乱,这一点令人欣慰。至于他对史诗及那些真挚的令人激情澎湃的诗文的偏爱,只是缘于他原来受到的教育。这些都力证他父亲的培养方法是正确的、成功的。

我们不可能活到亲眼目睹我们所使用的方法发挥最终效果的那一天,但是我像你一样衷心地希望,国家能够利充分利用大自然的这份非凡的恩宠,希望这个孩子某一天能够获得相应的幸福与快乐。根据既定事实来判断:他的使命、作用,还有福气都存在于学术领域,尤其在发展的过程中。

请原谅我,尊敬的朋友,我原本没打算说得这么详细这么多。与你再次交谈,我都被开心冲昏了头脑了。

你忠实的朋友,

海涅

1810 年 7 月 25 日

在卡尔还是个四五岁的孩子的时候，就因为掌握了透彻的母语知识而大受裨益。他掌握母语并不是通过读死书，孩子们学习希腊语和拉丁语通常都是这种死学的方式，并且现在还有很多人认为必须硬性灌输。

让一个十三岁的孩子每周学习十六个小时的拉丁文！太糟糕了！而不幸的是，我要说的正是1818年柏林一所著名学校里的真事儿。

卡尔对纯正德语的学习是在生活中，在房间里、花园里、草地上、田野里、树丛中、社会上、长途或短途旅行时，总之，在所有我能为他营造的各种环境里。他一岁以前，我们不管去哪里都会带着他，只要有可能，我们就会给他讲解见到的每一件事物，尤其是他看起来很感兴趣的事物。

就这样，他在两岁之前，就跟着我们到过梅泽堡、哈雷、莱比锡、魏森弗尔斯、瑙姆堡、德绍、沃尔利兹、维腾贝格等地。而在这些地方，他了解到了大量在家里不曾见过的东西。

他在三四岁的时候，仍然常常到这些地方去，以加深自己所见所闻的印象，从而对其理解得更加清晰透彻，同时也扩展了知识面。当然，他也看到了更重要、更有趣的事物，比如他三岁时在莱比锡住了八周，四五岁时跟我去了马格德堡、哈尔伯施塔特、萨尔茨韦德尔、施腾达尔，还到过曼斯菲尔德领域。我给他介绍各种社会团体和有意义的事物，他因此熟知了音乐会、戏剧、歌剧，还有水磨和风车；认识了狮子、鸵鸟、大象，还有鼹鼠和蝙蝠；了解了盐矿还有蒸汽机；熟悉了农贸市场，还有莱比锡集市；知道了发掘还有采矿；见识了辉煌的上层社会，也见识了贫困的日工舱；看到了舞池也看到了坟墓。

他了解这所有的事物,并不像普通的孩子那样仅仅盯着看,而是全面透彻的,甚至比成年人还要深入,因为我和他妈妈每次都会和他讨论这些事物,或者故意在他面前一起讨论。我们经常问他有没有注意到这个或那个,问他喜不喜欢它。他很快就习惯了重复和讨论他的所见所闻,会向我们讲述、询问、报告或反驳等等。

卡尔在五岁的时候就和我一同去过波茨坦和柏林,经过普列戈尼茨和梅克伦堡,到过罗斯托克、瓦尔纳明德和多伯伦;在风平浪静以及风暴不猛烈的时候去海边观察过商业往来和航海的情况;然后,经过路德维希斯卢斯特抵达阿尔特马克,在那里的乡下住了好几个星期。而且在各个场合和地区,人们都很喜欢他,认为他是个可爱的孩子。人们乐于给这个小小的"十万个为什么"或者是小话痨提供他所想了解的信息。如果人们考虑到这些,那就不难理解他为什么会积累这么多语言和信息的宝贵财富了,连成年人都很少能够拥有这样的知识储备。

我必须强调,只要我们,作为他的父母,对事物的理解都是正确的,那么他就不会出错,不会有失偏颇。如果我们缺乏准确的信息,那我们就和卡尔一起向最有经验、知识最渊博的人请教,一起接受他们的教导。

他六岁的时候,我和他一起在德累斯顿度过了六周的时间,我让他充分了解当地美丽的自然风光及周边环境,尤其是那个地方的许多艺术珍品。我们通过不断的观察与讨论,逐步提升了他的品味。在莱比锡、波茨坦和柏林,或任何能见到漂亮事物的地方,我开始防止他幼稚地喜欢上色彩鲜艳的画,这种画作是错误的。

我们去参观德累斯顿艺术馆,尤其在参观意大利厅时,在那些古董和孟氏铸件之间,我们特意提醒他注意这一点。从那以后,我再也没有听过他在艺术方面做出什么愚蠢的评判,但是这种评判我们却常常从成年人那里听到。

我们待在德累斯顿期间,天气一好,我们就会去参观普劳伊舍尔、塔兰,还有萨克森州的小瑞士等。由于我以前不止一次地欣赏过那里美丽的景色,并且我带着手册,身边还跟着向导,因此,我们不会错过或忽视任何值得一看的事物。这些天堂般的地方在成年人看来都可谓是千变万化、丰富多彩的,何况对于一个六岁的孩子来说呢,那肯定是变幻万千的。

我们把在这些地方看到的事物,以及其他的一些事物的名称,都正确地告诉了卡尔。我们谈论、阅读与这些事物相关的信息,并且相互交换意见。我们的向导、朋友和熟人也和我们分享他们的看法。他把这些都告诉他的妈妈,还有那些在梅泽堡、哈雷和莱比锡的新老朋友们,他也会把这些写在信里告诉远方的朋友们。他就是这样尽他所能地巧妙而清晰地表达自己的所见所闻所想。

这种做法的好处比我们想的要大得多,因为一个人正确了解的事物越多,包括其名称和特点,他就越能更好地把知识传授给别人,他头脑中所储存的超越他需求的信息量就会越大,就越会促进自己"去探索、比较、鉴别、倾向、舍弃或选择——也就是去工作,去思考"。一个人思考得越多,他就越会思考。如果我们能让孩子在说话和想要行动之前先思考的话,最终将会有不可估量的收获。

习惯于思考的孩子,他学到的知识每时每刻都在增长。或许有某种事物暂时对他来说太难了,但由于他已经习惯了想要去弄明白(可以说,接受了正确教育的孩子必须去弄明白),所以他至少会尽力记住这些不解的事物,然后不知不觉地就会暗暗努力,以使自己搞清楚目前不懂的事情。他会去探寻、调查、倾听与之相关的信息。也许他会获悉完全不同的事物,但他会从中发现线索或受到启发。这样,他所有的思维都被调动起来,投入到全新的活动中。他勤奋读书,向父母、老师、朋友、伙伴一一询问,总之,他一直不停歇地奋力冲过汹涌的无知浪潮,直至稳稳地抵达鲜花绽放、豁然开朗的知识彼岸。

观察所得还有一项很有意义的内容,那就是很早就熟知很多事物的孩子,包括熟悉自己的名字和特点,并且能够轻松而准确地表达出来,他会集中注意力倾听大人交谈。他不会感到厌倦,不会无聊到哈欠连天,也不会有那种愚蠢、幼稚的博关注之举,也就是那种不动脑筋、若无其事的样子。若他理解这个事物的大部分,那就会产生真挚的兴趣。如果有不理解的地方,他的兴趣会更浓厚,因为谈论的内容对他来说是全新的,他想要也必须弄明白,他习惯性的做法不会停止,直到这个结被解开。

如果,和孩子的每一次交谈,或者他在场的每一次交谈都能教会他一些东西的话,那一个孩子六岁、八岁、十岁的时候,三千六百五十天里,每天按十个小时计算,也就是三万六千五百个小时,他将会学到多少无法估量的知识啊!

鉴于此,我坚信:如果我们知道该怎么教育,能够并且也愿意去教育的话,那么即使是一个资质平庸的孩子也有可能被培养成高级人才。

第八章 我认为自己有把儿子培养成为学者的能力吗？

不，绝对没有过！我在中学和大学时期确实可以和身边最优秀的学生相提并论。而且，作为一名大学毕业生，我一直非常认真地致力于接受高等教育，这从我通过各种各样的专业考试上可以得到证实，这些考试包括克雷茨克牧师对我的测试，还有在马格德堡宗教学院和柏林的高等法院进行的测试。我还一直没有停止过指导别人，也由此增长了自己的知识。此外，一些伟大的德国教育家，格尼可、萨尔兹曼、普菲费尔、鲁道菲等人当时创办的院校也好心地为我提供了教学职位，这一点着实使我感到羞愧。然而，让一个收入微薄、居于乡下、没有掌握任何教育方法或者不会有效运用教育方法的人，把一个进步惊人，发展快速的孩子教育到八岁或十岁以后，这在我看来已经是很不可思议的了。也就是说，我那时就想，我对他只指导到他进入高等学府之前。

因此，我在卡尔出生前后就做好了打算，我一旦无法再为他提供恰当的指导，就让盖第可和史丘伟那样的人来积极参与对他的培养教育。他们的学院有十个或十二个教师,柏林的格雷·克罗伊斯特学校里更多。他们可以随意支配基金,选出能力最强的他们认为最适合的人来负责教育的不同领域。考虑到这些,我真不敢想象能顶替他们的位置。

就在我对儿子进行教育期间,出现了一些邪恶之人,他们想要破坏我和朋友们所做的一切。甚至有些人现在还会说:"那没什么,只不过是假装谦虚而已!他肯定有信心去完成他想要完成的事,并且可能还不止如此。"

我必须对此有思想准备,要清楚地判断某些绅士暗地里所做的恶意满满的勾当。这些人能够做出坏事,就会不得不做一些表面上的好事来维护自己,或者至少掩饰自己的卑贱。他们迟早会被发现的,而且会被人看不起。这些人在亲信、好友和信徒的帮助下,大量散布谣言,他们时而在城镇口头造谣,时而用信件进行诽谤中伤,甚至还在形形色色的期刊杂志上发表文章和评论。

这些偷偷摸摸进行的一切,伤害了我和我儿子。但这些无赖并没有达到目的,因为我儿子依然受到别人的尊敬和喜爱。

正确而美好的事情,得以稳步发展,并且在上帝的帮助下,会越来越好。我和儿子若是进入一个更美好的世界,那就足以证明,在不造成任何伤害的前提下,一个人所接受的教育完全可以进行得比预想的快得多。

我还要对那些说我有信心完成我所完成的事情的人大声地说不。我在孩子出生时所做的准备能说明我说的是实话,我后来所做的事情也能更清楚地证明这一点。

在我儿子学拉丁文取得了一定的进展,并开始学习希腊文的时候，我就开始四处寻找一位教师来帮我，因为我感到自己已经力不从心了。

我到哈雷、莱比锡、曼德伯格，还有柏林等各个地方去寻找，花费了我整整一年的薪资俸禄，就为了找到理想的人选，却事与愿违。我的要求只有少数几个能做到，而这些人有着更优越的工作环境或是更美好的发展前景。

我想要寻找的人，要能像我阅读德语、拉丁语、意大利语和法语一样，轻松而愉悦地阅读希腊文。同时，他要熟练地掌握母语，能够毫不费力地把希腊文译成德文，再反过来正确地译成希腊文。他要熟悉语法规则，甚至要熟知所有的方言并且能在这些方言之间熟练切换……总之，这个人要能和我儿子一起简述希腊文的语法，更重要的是他能完全熟悉希腊文学、希腊文学家、格雷斯、大希腊、小亚细亚岛，以及不同的希腊文化时期的所有国家。此外，他还要了解那些国家的宪法、政府、风俗、习惯、惯例、娱乐，和平时期及战争时期的生活、教育、道义、宗教、法律、政治、商业、艺术和科学。如果他相当了解罗马及有关知识的话，那我就更满意了。

我认为，在我以前的校友中，我找到了这样一个人——B博士，我通过我们共同的朋友格劳比茨，向他发出了邀请，并提供了我要付出很大经济代价的条件，但是他婉拒了。正如他告诉我们的那样，他已经致力于一项事业了，必须要做个诚实守信的人，而且出于利益方面的考虑，他自己也不愿意放弃现有的一切。

在这个人前后，还有很多人被推荐给我，但是大部分人在经过进一步了解之后，对我目标的实现好像都起不了什么作用。事实上，大部分人对希腊文和德语的掌握还不如我熟练，因此他们也更没有能力满足更高的要求。

我在这里仅举一个事例,因为其他的都差不多。

我们这里有一个大学生,从学校载誉而归。他本人和他父母,还有他的亲戚们,都确认他是一位伟大的语言学家最得意的弟子。有人把他推荐给我,并且保证说如果他愿意做我的助手,那我就太幸运了。

我听了他的夸夸其谈,就对他产生了怀疑。因此我给了这样的答复:我当时还不确定要做什么,但如果他,W先生,愿意离开他父母,和我一起待一个星期,并且按照我的方法,每天花半个小时的时间指导我儿子学习希腊文的话,我将很高兴。

第一天,我给他详细阐述了我的想法,并特意让他观察我是如何实施指导的。第二天早晨,他就开始了教学。我原本要求他从一本简单读物开始,那是我想方设法才获得的一本书。但他进入房间时却拿着一本《伊利亚特》,并且立即就开始了他学者式的开场白,而我不得不认为他肯定只是凭记忆学的。而他后来的一些错误和令人震惊的疏漏更是夯实了我的猜测。

卡尔时不时地发出叹息声,他看着W先生,就像是在看一头怪兽,这种怪兽让人见了很害怕而不是欢喜。有时儿子张张嘴,似乎要说"我一个字都听不懂",但那是徒劳的,因为W先生滔滔不绝的口才很快就让他又闭上了嘴。

儿子一直耐心地忍受着,我也如此。

半个小时的时间已到,可是这场学术开场白好像还没有结束。我让他今天就先到这里吧,再用五分钟做做翻译。我当然希望他会从我拿的读本里选一段,但如果他选择从《伊利亚特》中选,也可以。

W先生开始翻译《伊利亚特》，他动情地标出每一行的诗律，然后用不纯正的、时而蹩脚的德语不断地翻译着，我听了很是震惊。儿子也惊恐万分，因为以往按照我的要求，他要把听到的内容复述一遍。

为了消除他的恐惧和担忧，我立即以玩笑的口吻对他说："我亲爱的宝贝，这些你是复述不了的，因为对你来说有点太深奥了。你要想能够很好地复述出来，就必须和你的老师一起把它翻译出来。但这会儿可不行，因为W先生对《荷马史诗》非常熟悉，不必像我带着你那样要查字典、翻阅语法书等。这样做对他来说是种困扰，而你知道，我出于对你的爱才乐意那么做的。"

我这样说安抚了卡尔，也没有伤害到W先生。卡尔不在场的时候，我单独对W先生说，他可以不用讲那么高深的知识，否则卡尔从他的讲解中什么也学不到。但他断定那就是最恰当的教学方式，而且也是忠实于他恩师的教学方法。

"抱歉，"我答道，"那就更加不妙了，因为我一点也不相信这样的教学方法适合你们年轻人，而我坚信对一个七岁的孩子来说，这种方法更是没用！"

他坚持认为自己是正确的，而由于他是客人，我只有耐心地忍耐，只让他考虑考虑我儿子的弱点和我殷切的期望，让他第二天的教学还是从手头的希腊文读本中选一本。他最后勉强答应了那么做。可是第二天，他依然还是讲解《荷马史诗》，这让我和卡尔有些恐慌。

百般折磨地听他讲了十五分钟之后，我郑重地打断了他。

我问卡尔:"W 先生讲的你能听懂吗?或者说,你能充分理解并讲给我听吗?"

可怜的孩子,他以前从来没处于这么痛苦的处境中过,深深叹了口气说道:

"不,亲爱的爸爸,我做不到!很多内容我都不懂,而其余的我都没听。"

"好吧。"我回答。然后我对 W 先生说:"W 先生,我非常真诚地请求你把《伊利亚特》先放在一边吧,然后使用这本读物。我非常感谢你的好意,但你也看到了,他还远远理解不了《荷马史诗》。我确信你是希望对他和我都有所帮助的,对吗?"

经过多次的异议,也为了保证最终有个好的结果,让卡尔对他的授课内容能理解得越来越好,他最后下定决心去做了自己免不掉要做的事情,那就是和卡尔一起翻译那本简单读物中的启蒙小故事。

高大上的教学很快就结束了。因为时常会出现一些词语和句子令他尴尬,但是自负的他不愿意查字典,而更乐意猜测那些词意,再用蹩脚的德语翻译出差不多的意思。

一切都与我的意愿背道而驰,于是我反复要求他慢慢来,要详尽地逐字对译。卡尔也让他那样做,但没有用。因此,为了快点结束这一切,我就告诉他卡尔对他读的故事几乎一点也不懂。我把下一个故事用我自己的方法翻译出来,卡尔兴奋得两眼放光,迫不及待地要自己翻译那篇故事给我们听。当他要这样做的时候,就已经彻底掌握了这种方法。尽管在我看来仍有些异议和疑问,但他差不多就是按照我第一次给他翻译的方式表达出来的。

任何人有过这样的经历都会有所改变,但 W 先生却太过自负,对自己的知识和教学能力毫不怀疑。我也就没再麻烦他辅导卡尔,几天之后,他就离开了。

很不幸,这样的事情我还经历过几次,见过听过的更多。如果一个可怜的孩子落在这样一个人的手里该是多么令人同情啊!

他不但几乎什么都学不到,更糟糕的是,他满脑子都是些错误的理念,这些会妨碍他以后理解并获得正确的知识。他习惯了流连于一知半解之间,把传授给他这些模棱两可的知识的老师视为世界之光,并且像他一样藐视一切比自己更优秀的人,讨厌他们事事追究明白。"那个人没有一点学问,只知道大家都知道的常识。"这就是他尊敬的老师常常挂在嘴边的说法,然后他也就跟着这样乱讲。由此,他对学习、研究和学者们的看法或许就会一直错下去,我们就会时常听到一些成年人发表这样不当的见解。

这种错误的教学方法对生活的不利影响更严重。孩子没能学到任何正确的知识,对事物也没有透彻的理解,更不可能学为己用。相反,他会逐渐任由自己被灌输一些半真半假甚至是完全荒谬的东西,乱说一通自己都没理解的知识。如果他的肤浅迷惑了他人就像当初被老师迷惑了一样,那他还自以为是地认为自己是个万事通。然后,他在生活中处理各种事物时都会采用同样的方式。

在他看来,坚持清晰明朗的观点,或者尊重并效仿持有这种观点的人,都是俗不可耐的。他永远不曾完全掌握某门知识,因为没人教他如何做到这样。他也不愿意去掌握,因为他在模糊的认识中感觉很自在,害怕真知那耀眼的光芒。

因此，有关这类学者的观点往往是正确的，说他们不适合做事，往往会把清水搅浑。他们为了解决一些小问题，却只是遮掩起来，问题不断地积累，恶果也愈加严重。

最严重的是这种混乱的教育对孩子的心灵造成的影响。我发现这类人通常都很自负，对那些观点更鲜明的人极端傲慢无礼，当然了，如果他们害怕后者或对其有所求的话，态度就不一样了。由于家长和老师的这种错误做法很容易传给孩子，也就存在着代代相传的危险。

多次挫败以后，我最终得出结论，我的那些最亲近的朋友们的观点是正确的。比如W教授和格劳比茨牧师，还有其他一些人，他们认为我肯定具备继续教育卡尔的必需知识，比我自己敢想的多得多。

然而，他们也不完全正确。尽管一开始的情况可以证明他们的断言，因为他们对人性的完美性的期望太小了，而这是不可估量的。

假如我一直按照常规的方法教给我儿子所有的知识，那他会连现在的一半都不如，而我也会多费两三倍的时间和精力，并且还会给他造成巨大的折磨。但我没有按照常规的方法。不过如果我的知识储备更多的话，儿子也会学到更多。

他在不经意间一直在学习。他的心智在进步、完善，提高到了一定的程度，可以很快就看穿面前的事物，或者至少会尽自己所能去看透，因为"他已经插上了胜利的翅膀"。

他没想过自己做的是什么了不起的事情，认为只不过是任何一个孩子、一个普通人都做过的或者应该做的。此外，他在学习的过程中体验了多种多样的快乐,能看到自己的能力已经提高,并且还在不断地提高。

那么多人讨厌学习和研究,但他却对学习愈加渴望。如果他发现自己对某个领域的知识知之甚少或者一无所知的时候,他就会真的很痛苦。他会说:"我错过了多少快乐啊!"这确实是他发自内心的感受,不仅如此,他还会流下热望的泪水。因此,对那些比他知道的多的人,他无比崇敬;对能不厌其烦给自己赐教的人,他充满了感激。

每一本书、每一门学科、每一种语言,他都会牢牢把握住,热切渴望掌握其中最为精彩的内容。如果孩子们或年轻人们达到这样一种境界的话,那么就可以说已经获得了一切了。剩下的就交给上帝了,或者有赖于上帝赐予我们的力量了。那神圣的火花是普通人看不到的,而我们能感受到它的灿烂。

这样教育出来的孩子会不断地发展,直至人类的极限或者是自身特质的极限,他必将实现自己高大美好的目标。

这都是我的推测,只是推测。因为我现在肯定不如以后理解得更透彻和确定。但是我的推测足够清晰,也是基于在莱比锡立即就得到普遍赞同的一种观点。在我的老友埃哈德教授的鼓励下,我下定决心要开办一所教育学校,让学生们在这里接受和我儿子一样的预科教育。

我打算我们这所预科学校每次只招十个学生,以使他们每个人都能得到最佳关注。我还打算挑选并培训我们自己的教师,亲自对他们进行尽可能多的指导,以减少干扰。我想要实现的目标很明确,人们对可能得到的结果也很满意,并且相信我有足够的能力和意志力做好这件事。他们到处给我找生源,都处于我想要的年龄,其他方面我也都很满意。我还没办法招收全寄宿生,只好让他们半寄宿。

我的妻子也在别人的请求下,招收了十个女生。这些孩子各方面都符合我们的招生条件,并且均来自优质家庭。然而造化弄人,威斯特伐利亚政府命令我和我儿子去哥廷根。我无奈地把这些生源都退了回去,也放弃了儿子在莱比锡的补助。但我终生都对这些恩惠心存感激。

现在,我知道人类会越来越完美。我能肯定,这样一所预科学校完全有能力让孩子们在德、智、体各方面得到发展。孩子们这三方面能力发展的程度很快就会不同凡响。他们禁得住外界的不良影响。这样教育出来的孩子,心智能力超群,有自己的行事方式,只需稍做进一步的指导,就可以在世界上取得非凡的成就。这是因为,人类的精神力量一旦得到正确的激发,就会势不可挡;即使受到桎梏,他们也会挣脱开来,并且会更加强大。那些心智被唤醒而后又受到抑制的人,往往会出人意料地踏出一条新路,然后做出一番惊天动地的大事业。毫无疑问,人类完美化过程何时会结束,将会是长久的未解之谜。目前,在我看来,我们离目标还很遥远。

第九章　对我儿子接受早期教育的异议

要罗列出人们提出的所有异议是不可能的,无论这些异议是合理的还是不合理的,是善意的还是恶意的。我只就那些我记住的、看起来合乎情理的异议尽可能简要地予以反驳。

我在这里必须明确指出,大部分提出异议的人都还没见过我的儿子。通常他们在见到他并和他交谈以后,就会收回自己的成见,改变自己的看法。

我儿子八岁的时候,就已经在学者们的圈子里很出名了。

有人说:"他肯定是脸色苍白,病怏怏的。与孩子的健康相比,孩子过早地成才根本不算什么。"

那些熟悉我儿子的杰出的人物们以自己的名誉担保,卡尔非常健康。

"他在九岁或十岁的时候,身体肯定会出现问题,然后能拖延个一两年,最终在十一二岁的时候就结束了自己短暂的人生。"

然而他既没生病,更没有死去。

"他肯定大部分时间都待在书桌旁,这对他可没什么好处。"

对卡尔多一些了解的人公开声明,卡尔待在书桌旁学习的时间几乎可以说比任何孩子学习的时间都短。

"他肯定没有享受快乐的童年!"

有些人,并不是我本人,大声申辩说要想找到比他更快乐的孩子很不容易。

"他一定很自闭!"

然而,人们日渐知晓,他在婴儿时期就常常被我带出去,并给他介绍各种各样的社会团体认识。

"他会长得过于严肃!"

关于这一点,最权威人士都认证,卡尔在该严肃的场合可以非常严肃,但如果没必要严肃的话,他就会回归孩子般的快乐,也会嬉闹,有点淘气,就像任何一个有教养的普通孩子一样。

"他厌烦儿童娱乐活动!"

古特斯穆茨和其他一些人公开表明:卡尔积极参加一切儿童游戏活动,和别的孩子一起嬉戏玩耍,显然很快乐。

"他永远不会知道怎样和其他孩子相处。"

熟悉他的孩子们,会更喜欢和他一起玩,因为他不会向他们提出任何无理的要求,不会破坏他们的东西,还会愉快地让步。

"他将会骄傲自满、固执任性、刚愎自用,会看不起他的小伙伴们!"

他的小伙伴们不再因为他渊博的知识而嫉妒他,并且能够容许自己的父母对卡尔的尊重与喜爱,因为他是那么谦虚低调,而且还经常就他们更了解的知识向他们请教。

他从来不炫耀自己的知识,也根本没有吹嘘的念头。

"他受到的教育和培养都是书桌旁课本上来的,进入社会后会感到格格不入、无所适从!"

但无论是在法庭上还是在农房里,在富有的商人家里或牧师家中,在上流社会或中产阶级的圈子里,大家都很喜欢他,都认为他那么适合他们的圈子,就好像是为那个圈子而生一样。

"他十三四岁的时候,也就是进入青春期以后,就会逐渐虚弱,直至衰竭而亡。"

这一切都没有发生,相反,他长得非常强壮,像一朵盛开的玫瑰一般,绽放光彩。

"假如这几个关键时期,他都闯过去存活了下来,而且身体没受到任何伤害,那他的智力肯定会受到影响,其发展将会停滞不前,那样的话,他早期发展得那么快有什么用呢!"

他智力并没有受到任何影响,而是和以前一样不断地迅速地发展。

"除了学习枯燥的语言以外,他对任何事物都无动于衷。他对一切美好快乐的事物都漠不关心。这对他来说是多么无可挽回的损失啊!"

是的,如果这一切都是真的的话,损失确实很大!然而,他从孩提时期就非常热爱大自然的美,人类和动物世界的美,那些伟大的作家和诗人的作品中的美,他能迅速发现并指出来这种美。然后他会很好地朗读并背诵这些作品,这一点好多文人雅士都说过。由于这个原因,再加上他很乐意参加或安排社交活动,很多高雅的社会团体活动,尤其一些优雅的年轻人士举办的活动,都会邀请他参加。

现在,他写起散文和诗歌来是难以形容的轻松。这是我原来认定的事情,事实上也确实做到了。

我要提到的最后一条异议来自圣彼德堡。这是唯一一条让我困惑许久的异议,因为他谈到了对我来说过于遥远的未来,现存的一切没有一样事物让我能够用来反驳他。我也不敢过于站在自己的立场来展望未来。此外,提出这个异议的是我特别尊敬的一个人,一个哲学家,一个明智的、经验丰富的而充满善意的人。他爱我,也爱我的家人。他私下里告诉我他的疑虑,并没有试图恶意地让学术界人士都反对我和我的工作。

科来金拉斯·冯·雅格布,从前是我在哈雷上大学时的哲学教授,后来成为了我的朋友,我孩子的洗礼证人。他在1811年7月23日,卡尔十一岁时,给我写了下面这些话:

> 关于你儿子,我很容易理解这样一个孩子能给他的父母带来多少欢乐。我对此更能接受,因为他的父母是我的好友,我爱他们。然而我必须向你坦白,我在欣喜之余也掺杂着些许遗憾。因为我仍然无法相信这种非凡的早熟对你儿子会有好处,会使他比其他任何人都更幸福更完美。我当然相信,你的方法和付出的努力是你儿子的能力得到早期发展的主要动因。在我看来,你的儿子肯定拥有超常的天赋,而这种天赋自觉地遵循着你的引导。
>
> 但是,如果要让这种早期发展成为你儿子的持久优势,就必须使之均衡进行。你儿子在九岁或十一岁时获得的知识和

能力,其他有天分的孩子要到十五至十九岁才能获得。而一个人心智的成长要一直持续到二十一岁,之后,知识和经验会继续增加,但推理能力就很难提高了。如果你儿子的推理能力从九岁到二十一岁发展的速度都不变的话,那他以后将毋庸置疑地会成为一个杰出人物。但是,假设他的推理能力在十四岁的时候就定型了,那么他在二十一岁时就不会有超越同龄人的地方,除了或许会拥有更多知识。要是这样,你儿子将会受到别人的羡慕直到十八岁或二十岁,但过了这个年龄以后,他就会猛然成为芸芸众生的普通一分子。

  我现在还必须建议你要考虑一下后果,他的非凡之处会引起人们对他不断地赞美,会不可避免地影响到他,想象一下,到了二十岁或二十一岁的时候,他成为了一个普通人,所有的赞美也随之消失了,他会有怎样的感受?我要是他的父亲,想到这些我就会焦虑不安。一个小时候受到万人瞩目的人,当不再受到高度关注的时候,感觉会非常糟糕。亲爱的朋友,以上这些就是我关于你所选择的教育模式的疑虑。你知道我习惯于自由直率地表达我的看法,尤其对你这样我所尊重和热爱的人。

  我在不久后回复了他,说他担心的或许是对的。但是,我有充分的理由不必有此担心。假如这种事情真的发生了,我也会采取恰当的预防措施使卡尔不会受到太大的伤害。三年后,在我儿子十四岁的时候,我会给雅格布教授写信,按照我一贯的做法,坦诚地告诉他我儿子的进一步发展。如果他的担心成为现实,我不会隐瞒；但如果他担心的情况没有发生，他也要允许我以我和我儿子的名义告知他真相。

1814年6月22日，我儿子还有十天就满十四岁的时候，我给他写了封信，内容如下：

我们首先来谈谈你对我儿子的看法吧！你能想到我儿子在十四岁的时候，智力水平将会定格，不再有进一步的发展，然后到二十或二十一岁的时候，将不再受到别人的赞赏，脾气也会因此而暴躁，从这一点来说，你非常英明。我必须承认，除了你以外，没有别的任何人向我提出过这种异议，因此我起初为之困惑了许久。我是这样一种人，不会去推测未来某一天可能会发生的使自己不愉快的事情。你想象的也许会发生，但目前来看还不大可能。(1)我儿子到7月1日就十四周岁了，但显然他的智力仍在继续发展；(2)他极为谦虚，并不希望得到他人的赞赏，或者说对别人的赞赏他根本就不在意。

因此，我想他不会那么快就停滞不前，即使发生了，他也不会像虚荣的年轻人那样因为失去别人的赞赏而那么悲伤。这样一来，他什么都不会失去，反倒是收获颇丰——细致入微的教育，大量的信息，早期的经历，对世界的认知，通过旅行和在优质家庭受到的殷勤的接待而获得的对上流社会的认识。

你我都无法决定这个事情，只能听天由命，静观其变了。但是现在看来，我正确的可能性比三年前还要大。

如上所述，这最后一个异议比其他的都让我焦虑不安，好在也被我愉快地解决了。谢天谢地,如果让我今天回复那封信的话,我会更加平静也更充满感激,因为我在6月22日的信中所述,到今天还是完全正确的。实际上,在我看来,我现在更能为我自己和儿子说话了。

第十章　早期教育对我儿子真的好吗？

当然！并且在很多重要方面都是这样。

对卡尔的教育的主要基础之一就是培养他的虔诚和道德。上帝，万众之父，对他来说是无处不在的。他尊重并热爱着周围的一切，下至动物和植物，他都视为同类，在某种程度上甚至视同手足。他奋力站到了越来越高的级别上，但对其他生物毫不嫉妒或轻视。相反，对他们予以真诚的尊重和温柔的爱护。他对比自己弱小的人满怀同情。他竭力通过父母对他的教导、与有教养人士的交往，以及自己的辛勤努力来提升自我。与普通的孩子不同，他珍视这些方式。

他与上帝交谈，就像是与朋友交谈一样。他感谢上帝赐予他的能力和善意的指导，请求他给予进一步的帮助，向上帝讲述所有快乐的事情。吹奏的口琴里，绽放的玫瑰中；拉斐尔的画作里，画眉鸟的歌声中；萨克森瑞士的群山里，青青的草叶中；人的灵性里，小狗的聪明中——他见到任何事物都能感受到上帝的存在。

他时常热切地祈祷,但更喜欢在独处的时候或者只有父母在场的时候祈祷,要是有别人在场就有些勉强。这是因为,别人或许会对他的祈祷方式评头品足。我跟他讲过祈祷文的基本思想,也听他多次背过,但是在不同的情况下,他祈祷的方式就会不同。如果我们即将旅行,他就会祈求上帝继续保护我们,并感谢他以前对我们的帮助;如果我们去某处拜访,他就会祈求上帝多多赐福给那些善良友好的朋友们;如果我或者他妈妈,或者是他哪个朋友生病了,他就会祈求生病的人早日康复。以下是他常用的祈祷安排:

晚间或清晨,卡尔诚心诚意地祈祷,情况不同,祈祷文内容不同。

"感谢您,我的上帝,感谢您赐予我们这么美好的夜晚,这么美好的一天!请您赐福于为我提供了这么好的教育的爸爸妈妈,帮助他们以后继续引导我!保佑他们长久的安然无恙!感谢您让我每天从父母和其他人那里获得这么多快乐!帮助我成为行为端正、顺从、勤奋的人!请让我选择一项对我自己和父母最有意义的事业!"

"请使我远离贪婪、自负、肮脏的思想和谎言!赐予我们对我们有益的一切,无论是令人愉快的,还是我们看来不好的想逃避的!请教会我们学会忍受罪过!请奖励那些为我付出的人!请善待所有人,尤其那些受苦的人!"

这种虔诚的道德教育准则,对旧约和新约中最有教育意义部分的详细了解,对最重要的耶稣的生活和教诲的详细了解,在最佳摘录和作品中所读到的内容,都为他将来的正直和善良打下了坚实的基础。在上帝所创造的万物中对上帝的沉思、与上帝经常进行的亲切交谈,使他一直关注自我,不会轻易犯错或被别人带着误入歧途。他的心灵以前是,现在是,一直都是那么天真无邪,以至于明智的人都说他纯净得像个天使。

正因为如此,我们不在他身边的时候,他也不会做一些禁忌之事。他会说上帝能看见一切,不应有所冒犯。下面我要讲的就是这种事情,很常见,也是必然会发生的事情。

我们有一次在 L 地拜访 E 牧师。第二天早晨,在喝咖啡的时候,卡尔不小心把牛奶洒到了桌子上。在这种情况下,我们一贯的做法是惩罚卡尔,除了面包和盐之外,他不能再吃或喝任何别的东西。

卡尔非常喜欢喝牛奶。当时,E 牧师一家为他把牛奶做得很甜,还给了他一块美味的蛋糕,因为他们已经深深地喜欢上了卡尔。牛奶一洒,卡尔一下子涨红了脸,尴尬无比,不再继续喝了。我知道原因,但我假装没看见。

牧师一家也看到了,就安慰他,鼓励他把牛奶喝完。卡尔谢绝了,然后坦诚地说他不能再继续喝了,因为他不小心把牛奶洒到了桌子上。他们当然向他保证说没关系,他可以继续喝牛奶。我一直保持沉默,装作在忙我自己的事情。牧师一家劝不动卡尔,出于对这个孩子的爱,最终忍不住对我发了火,因为他们希望我能点个头让卡尔把牛奶喝掉。

然后,我就让卡尔出去,向他们解释了是怎么一回事儿。但是我解释了也没用,他们坚持认为,一个健康的胃口很好的孩子,由于不愿触犯一条规则,而谢绝了甜牛奶和蛋糕,这是违背常理的。

"你走开,他就会喝了。"

"很好,"我回答说,"我会走开,那样你就能够看到他的行为是由衷的,而不是被我强迫的。但是我有个条件,之后你要告诉我全部的事实,发生的状况到底是什么样子的。我提前向你保证,如果他喝了牛奶,我不会责骂他。"

他们也向我保证会把所发生的一切都告诉我。

卡尔被叫了进来,而我找了个借口走开了。E一家想尽办法让他吃蛋糕、喝牛奶,但都白费力气。他们把牛奶搞得更甜一些,也还是无济于事。他们说他们会把牛奶杯子装得和原来一样满,这样他的爸爸就发现不了了。他们又给了他其他蛋糕,对他说:"你父亲的规矩不会管着这个的。"他们还特别让他留意到我不会知晓这一切的。卡尔仍然无动于衷,并且重复说:

"即使我父亲不知道,但上帝知道,这才是重要的。我要是再喝牛奶再吃蛋糕,那无疑就是一种欺骗。"

他们提醒说,他还要赶很远的路,需要足够的食物补给,而他坚持说面包和盐已经使自己脸红了,也会使他有足够的力气赶路。

最后,他们不得不把我叫了进去,眼含泪水地告诉我所发生的一切。我努力表现得很平静,亲吻了卡尔,然后对他说:

"亲爱的卡尔,你已经自愿接受了惩罚,而且是发自内心的。由于这个原因,加上我们还要赶路,还有我们朋友真诚的好意,我想让你把那些都吃完。去继续吃蛋糕喝牛奶吧!你已经遵守了规则,你无意的过错可以一笔勾销啦。"

此时,卡尔才充满感激地、高兴地继续去吃那些为他准备的食物。E一家无法理解一个只有六岁的孩子怎么可能会有这样的自制力,能在这样的情况下压制自己的食欲去拒绝美食。

他们没有充分了解纯粹的虔诚及由此而来的道德感的强大力量,有了这份力量,可以做更多的事情,但要是没有,能做的就有限了。

第二个原则是尽可能锻炼发展他的体能及身体的各项能力,其中当然包括感知能力敏锐性的增强。

第三个原则是从一开始就最大限度地开发他心智中的所有能力:推理能力、敏锐的观察力、智力、记忆力、想象力等。关于这些我已经有所论述了,但现在我还要多说几句。

这里,与学习文学语言息息相关的是,还要有正确的思维、质疑、解答、反驳等,而这些会给人们带来诸多意外的惊喜。正因如此,即使在卡尔还没了解语言和科学方面的知识时,人们就很喜欢和他在一起。他从中获得了多少快乐啊!也由此听到、看到、学习到多少知识啊!

在我偶然逗留或是拜访的地方,那些最有修养的人士都很乐意向卡尔展示能让他快乐的事物,如此一来,由于他善良纯洁的心灵,他的童年是在高尚的快乐和不断的引导中度过的。

他是在六岁那一年开始接受语言学习指导的。由于他自己清楚地认识到语言学习对他是有好处的,加上我用的是简单适宜的教学方法,并且谨慎安排了教学内容的顺序,所以学习外语,掌握那些单词及其各种形式,对他来说是个不算多困难的努力过程。事实上,他练习阅读外文很快就和阅读德文一样了,都成为了最惬意的娱乐、愉快的消遣。而他乐在其中,根本不知道自己学得有多么不同寻常。

科学知识学习的准备由来已久了,通过讨论、参观诸多令人难忘的有意义的事物，通过旅行、通过古代和现代的历史故事，还通过他运用自己掌握的各种语言进行大量的阅读。

他一直都对学习了解新知识充满渴望，他急切地探寻那些需要费很大劲才能传授给其他孩子的知识。他学习古代和现代地理学、自然史的各个分支、数学、物理和化学。他对这些学科有着如此深入的研究，以至于十四岁之前就获得了哲学博士学位，而此前他已经获得了无数的荣誉证书。一年以后，他成为了韦特劳自然科学学会的一员。然后他就得以住在美丽的莱茵河地区，在那里他深入研究了法理学及附属学科，并在只有十六岁的年纪被荣幸地授予了法学博士学位。接下来，他到处去旅行，在柏林住了更久的时间，有过愉快或者不愉快的经历；得到过高尚人士的爱，也遭到过少许刻薄之人的恶意；倍受国王的器重，获得了为期两年的科学旅行机会，还利用间歇让自己在理论和实践上都做好充分的准备，以完成那光荣而意义重大的使命。

第十一章　孩子七八岁之前是否应该让他们顺其自然地成长

这是一个人们自然会疑惑的问题——"我们从什么时期开始对孩子进行指导呢?"人们大多用卢梭的话来回答——"从孩子七八岁开始。"对那些这样回答的人,我只能说:"这么长时间里,孩子没有接受指导教育,看看他会成为什么样子吧。一般来说,你们会发现他们任性、暴力、愚昧无知,有满心的欲望、满身的恶习。如果你们想要这样的孩子,那好,就像那些父母一样做吧!"

我曾经和这么一个人交谈过,他自认为很懂教育,并且对于我儿子这么早就被培养得内外兼修表现得很是不屑。

"不,"他说,"这种事情绝对不会发生在我儿子身上。我要让他享受他的童年。八岁以前,他可以随心所欲,只要交给他母亲或保姆就好。"而这位母亲根本就不在家,因此这个孩子其实就是由佣人们照看的。

"那样,你以后几乎就教不了他了。"我很快反驳道。

结果证明我是对的。尽管他儿子有着高智商,但也只不过是个有好多缺点的普通人而已。而假如他是一个头脑简单的人,再加上他父亲的过错,那么他就会被变成一个傻瓜。

当然也有人会反对说,也有一些伟人是以那样的方式成才的。是的,确实有,但是很少。只因为他们发现了自我,并且吸引了别人的注意力,他们和他们早期的生活才出名。而人们由此得出了愚蠢的结论,认为这种方法是正确的。但是,人们总会发现或者至少是经常在这些人身上发现优点的同时也发现其缺点,因为这些缺点是小时候形成的,根深蒂固,很难清除。对我来说,要从任何一位以这样的方式成才的伟人身上找到让他颜面尽失的缺点,是件很容易的事情。但我不允许自己那样做,因为想方设法使伟人蒙羞是不对的,那是小人邪恶的行为方式。

支持这种教育方式的人还忽略了一个事实,那就是,能力超强的人,也就是真正的天才,总会成功并且成为了不起的人;但那些能力平庸或者低下的人,会被这样的教育方式毁掉,而这类人比天才多得多。人们没有注意到,如果一个天才从一开始就受到恰当的引导和教育的话,他将会多么高尚、尊贵、更有价值。

同一个人,由于自身不好的方面,原本达到80分,而通过认真细心的引导和良好环境的塑造,或许可以上升到100分——将其好的方面发挥到可能到达的人类完美的最高值。

如果对一个孩子听之任之或把他交给佣人,他自然而然地会和街头其他一些孩子混在一起。一开始是和邻居们的孩子在一起,然后就是邻居小孩的朋友和熟人,最后会和所有的小孩在一起,因为人具有社会性,孩子当然更喜欢孩子们的群体。他们喜欢玩耍,在户外玩耍是他们最快乐的事情,因为外面的空气令人振奋、精神焕发、充满力量。因此,孩子在外面最开心,尤其是能和其他孩子一起玩儿的时候。

如果我要选择,尽管在外面街上会有很多危险,我也宁愿去外面而不是一直待在房间里。在这里,我说的不是柏林的房子,柏林的房子一般都又高又大、通风、敞亮、令人愉悦,并且如果父母教育方法得当的话,这些房子可以被当成孩子们的小型游乐厅。然而,我说的是小城镇或乡下的房子,在这些地方,通常是全家人挤在一间低矮、狭窄、潮湿的地下室里,到处都是各种器具。

孩子在这样的居住环境中日渐消瘦,他们的消化能力逐渐减弱,不再热血沸腾,脸色日渐苍白,两眼无神,热情的火焰也慢慢熄灭了。他们的胃、头、牙齿开始疼痛,接着会出现各种小毛病,然后浑身无力,随之出现乖张、偏执、敌意,甚至奴性、迟钝、偏激、目光短浅等缺陷。健康的街头顽童或许某一天还能做出某种像样的事情,他往往会有自己的特点,能另辟蹊径。但是,这样一个身材矮小的一直宅在房子里的人,一般只适合做仆人。在这份工作中,他会找到自己熟悉的环境,做起事来会得心应手,身心都会自然放松。

是的,我依然不会忽视孩子在他街头玩伴之间可能遇到的各种危险。我怎么会忽视这些呢?我自己因为担忧而观察过他们。在这里,我不说他们暗地尝试手淫,也不说最可怕的少年恶习,相互鼓动不听父母的话和不尊重父母,行骗甚至盗窃等等。这类事情确实经常发生,而且后果令人震惊。我想说的只是在街上玩耍时公然发生的事情。

有些地方,比如G地,房子周围的大石板为孩子们的游戏提供了很好的场所,有人经常看到孩子们在那儿赌钱。他们常常看起来那么可怜,以至于人们都想给点救济。而且,他们赌的是一分或三分的硬币,那些富人孩子的输赢也就是十分钱。我有很多次对着他们大喊:"小赌徒!老骗子!老乞丐!"但是我这样喊根本就无济于事。我每次穿过村镇的时候,几乎都能看到两三个孩子在打架。一开始是小纠纷,然后是谩骂和诅咒,最终演变为打斗、脚踢、扔石子等等。维吉尔说过"愤怒将一切东西都变成了武器"。

我很害怕看到这样的打斗,总是尽全力去阻止他们。但我后来就越来越漠然了,因为我认为我自己是个神经过于脆弱的人,总担心别人可能在痛苦地垂死挣扎。这样的人永远都不会拥有宁静的时刻,因为他总是告诉自己:"现在,有人又在痛苦挣扎。"一个慈善家面对打斗的时候就是这样想的。他到最后肯定会变得漠不关心,或者会忽略自己一直试图去调解劝和的事务。

有些地方,孩子们养成了互相扔沙子的习惯。一开始是开玩笑,最后就变成了最可怕的正儿八经的打架。比如,有人在扔沙子的时候,恰好一个孩子转身被沙子击中了眼睛,而匆忙抓在手里又扔出去的沙子里还有些碎片,这些东西会直接进到眼睛里。如果只是眼睛疼,但是没受伤的话,这个孩子就是万幸。通常情况下,这就会引起一场恶斗。

还有些地方,一到冬天,孩子们就会迷上扔雪球。如果把握好分寸,这是无可厚非的。扔松软的雪球是种快乐的游戏,能锻炼孩子的灵活性、敏捷性和注意力,还可以强健体魄。但是这种本来用来玩耍的雪球变得越来越硬。很多孩子把雪球放在手里揉搓很久,以使雪球变小并融化一些,然后再把雪球摆放起来让其冻硬,最后再悄悄地拿到能碰见熟人的地方。这种雪球打在后背或前胸上会很疼,但要是打在脸上或眼睛上呢?而且,拿着这种雪球的孩子肯定会在尽可能近的距离范围内用尽力气朝人扔出去。

这种情况下,我不止一次看到鲜血肆流,有的孩子的鼻子或眼睛受伤,终生不愈。

我经常痛心地目睹孩子们在打架时偶然受重伤,或者因为受伤而引发暴力冲突。回想起一个叫米勒的孩子,我仍心有余悸。他在H地和同伴一起玩耍,靠近操场,旁边是一所高中。这块操场四周有围墙,距离一些树木和楼房建筑也不远。米勒就在这些围墙、树木和楼房之间灵活地奔跑,跑了很长时间,没有受伤。我很担心,因为同伴追得太紧,他跑得太快了。但是我离得太远,大声喊让他停下也无济于事。

眼看就要被追上了,他想跑进学校的楼里脱身。那里有一扇门是开着的,但另一扇上下都闩上了。米勒是全速跑着的,并且转头想冲过那开着的一扇门。但是由于距离太近,他跑得又那么快,所以一下子狠狠地撞到了带钉子的突出的门闩上。顿时,鲜血从他脸上汩汩流下,他躺在地上痛苦地大喊大叫。

我一直努力去弄清楚,为什么有的孩子的手或脚残疾了,有的腿瘸了,有的脸上有个很丑的大包或是一道口子,还有的眼睛肿了,甚至有的少了一只眼睛,而现在我已经知道了这些伤都是街头玩耍时造成的。孩子们本能地瞒着父母,从而就错过了医治伤口的最佳时间。因为他们一直害怕父母,这都是父母的过失。

我了解这所有的危害,也没敢不当回事儿,但我必须重申我的观点:如果我要选择,尽管街上会出现上述的种种危险,我还是宁愿小孩出去玩而不是一直待在家里。那些没有受到伤害的幸运儿远远比那些柔柔弱弱的温室娃娃强得多，他们弱不禁风，看见松软的雪球都害怕得不得了。

"我儿子在八岁之前都由他母亲或者保姆照管，可以想做什么就做什么。"说出这样愚昧的话的父亲或教育者，我只能对其深表悲哀了。

我认为我们要尽早对孩子进行教育，并且还应该努力让他进入一个真善美的世界，尽可能减少我们的缺点所造成的影响。我们要关注并努力完善自己的身体和智力，关注并控制好自身的意志力（父母皆如此），甚至在孩子还没出生时就应该如此。简单、节制、节约、知足、快乐的生活，加上足量的户外活动，常用纯净的水，这些通常是让孩子拥有强壮的体格，心智得到充分发展的最佳方式。男人应该尽量锻炼身体，并且选择一个健康的、聪明的、善良的妻子，这样，孩子也会健康、聪明、善良。

很多人对此持反对意见。

有人说："我的处境让我必须为了钱而结婚。"有人说："要不是我妻子那些有本事的亲戚，我怎么可能享受得到这么安稳的生活？"有人说："我妻子跳舞跳得那么美，我被她迷住了。"有人说："我妻子聪明，谈吐风趣，这一点让我着迷。"还有人说："我爱她，我是在为自己找妻子，而不是为孩子们找母亲。"等等。

对此，我的回答是："先生们，从你们的立场考虑，你们说的或许是对的。但如果问题是你们想要个身心健康的好孩子，那你这样说就错了。"

在孩子出生之前，除了把一切可能的准备工作都做好之外，在母亲孕期还要加倍小心,这方面需要夫妻双方同心协力。

饮食和性生活都要有所节制和简化,多在户外活动,净化饮用水,特别要注意身体卫生,严格把握劳动量,要知足快乐、充满信心。

这些无疑是孕妇们可以采用的最佳方式,这样做才能为胎儿提供最全面最有效的营养。如果父亲也能以同样的方式思考、感受并且这样做的话,孕妇会感觉更愉快。一般来说,这样他们就可以放心了,上帝肯定会赐予他们一个健康的孩子,最起码身心都很健康的正常的孩子。除此以外,别无所求。

第十二章　保护卡尔免受吹捧，至少减少其危害

我们在表扬卡尔方面一直很谨慎，像"行，好吧，我的儿子！"或者"做得好，我的孩子！""也许你是对的！"或者"是的，这样对！"之类的话就是我们对他的赞许。我们还会使用一些别的鼓励办法，比如用一些小奖品之类的，而这种奖励与慷慨无关。马格德堡的芬克博士送给他一本书，我们在这本书里记录了他好的行为。我们会淡定而愉快地把他取得的成绩详细地讲给他妈妈听，或者讲给我们的一位亲密朋友听，听过我讲述的人就会回应说"好，我听到这些真高兴，卡尔！"之类的话。

卡尔得在做了对于他这个年龄来说不同寻常的事情之后，我们才会拍拍他或者亲吻他。还有在他每次说了或做了一些高尚的事情之后，我也会这样做。因而，他对我的爱抚和亲吻不胜感激。但最给他鼓励和信心的莫过于，在每个值得记录的伟大时刻，我告诉他，毫无疑问，在上帝的眼里，在所有高尚的最优秀的人的眼里，他的层次比以往更高了；他也早已做好了充分的准备，在世界上做

一些真正美好的事情，而后上帝会让他去实现更高尚更有益的目标。

这种时候，卡尔那双天真虔诚的眼睛就会对着我们微笑，我们感觉就好像受到了来自天使的祝福一般。通常在这样的交谈之后，卡尔会比以前更温顺、更勤奋、更善良。因此，我们根本不需要进行更多的表扬，更不用吹捧。但大部分居于我们生活圈子之外的人对此并不理解，而且很多人根本不想去理解。

比方说，尽管我充满热情，但是我在赞扬儿子的时候很淡定，以此来降低一些他言行的价值，如果他们看到了这样的情形，就会认为我苛刻、顽固、傲慢、不公正、霸道，甚至认为我妒忌自己的孩子。他们会这样认为并不是出于敬畏上帝，因为他们上升不到更高的层次。如果我在卡尔不在场的时候，再次告诉他们实情，他们又会把这种父爱视为虚荣或骄傲。

他们经常在卡尔面前发表这样的扭曲言论，而且十多年来，在我不在的时候，他们极力通过讽刺挖苦、同情怜悯、煽风点火使我和妻子之间出现了罅隙。如果我没有绝对地坚持公正，并且保持理性和善良的话，那这些卑鄙小人可能真的就达到目的了。

有些稍微好点儿的人，只要认为我对卡尔表扬得不够，或者我在卡尔即将受到大肆赞美时把他支开，他们就会看似明智地说："哦，你这样做就不对了！他应该受到表扬，应得的表扬会起到更好的鼓励作用！"

不管我怎么恳求，让他们谨慎一些，都无济于事。他们好像懂得更多，至少他们自己是这样认为的，然后当着卡尔的面更大声地说这些话。

没过多久，我就察觉到了很多朋友和邻居的弱点和恶意。因此，我细致地做了些相应的调整——对于有些人彻底不再接触，还有一些人要尽量远离。虽然这种做法不是我想要的，但是为了孩子好，我必须毫不犹豫地、清清楚楚地、认认真真地说出过分赞扬对孩子的危害。在这种事情上，卡尔完全理解我，但那些愚蠢的自以为是的人对我更加狡诈了。

关于糖、蛋糕、咖啡、啤酒、葡萄酒及其他一些美食的问题，也出现了同样的状况。但是我的好友们，那些更善良或更有教养的朋友们，在这个问题上起到了极大的作用。在这件事情上对我很有帮助。他们懂我所想，并向我伸出了尊贵的援助之手。我只要稍加暗示，他们就会立刻站在我这边。

如果我妻子或我本人对卡尔有所不满，他们从来不会护着他，而是保持冷冷的态度；如果我们对他说些友好的话，他们就会关切地爱抚他，但不会予以过多的赞美。

在卡尔很小还没学到什么东西的时候，我们一直给他讲一些特意精编的带有寓意的小故事，来对他进行教育引导。

但当他能够带着表情背诵的时候，当他令很多人震惊地可以心算的时候，当他能够读得又快又好，甚至开始理解语法的时候，我就只得求助于其他手段了。

从最开始以来，我们的教育一直没离开过上帝和像上帝一样的人——耶稣。

谈到上帝的时候，我常常跟他说，我们远远地处在上帝之下，处在无数的天使之下。我告诉他，上帝赐予了我们一切，身体和精神的力量、财富、受到的教育，甚至是要行善的鼓舞。用这样的信念,很容易让一个孩子天真纯净的心灵保持谦虚谨慎和朴实稳重。

说到耶稣,我们会告诉他,一个人,无论有多么高尚,都可以凭借他的谦虚和稳重,获得无穷的智慧、精神力量、宽容、坚定的意志、善良的心灵、公平公正、对上帝的忠诚信仰、遵从上帝的意愿、服从上帝的命令、耐心和自制。

就这样,他拥有了对上帝的敬畏之心、对耶稣最强烈而虔诚的爱,以及要成为上帝那样的人的热切渴望。我的妻子和我仅仅只需要提及一下能反映耶稣某种美德的生活中的一个小事例,卡尔就会立即领悟,并且效仿,这让我们十分感动。当然,由于他知道自己和最崇高的上帝之间的差距,所以通过各方面的对比,甚至不需要任何外界的刺激,他就会迫切地让自己谦逊稳重。

然后,我们给他讲了很多名人的事迹。如果他们在智力、能力、才干等方面出类拔萃的话,我们就会明确而客观地强调出来,这样,卡尔内心的羞愧感使他一定要努力向这些人学习,向他们的高度攀登的信念就油然而生了,而这一点我们无需多言。我们想向他传授的是道德高尚的人们,他们蒙神喜悦的、虔敬的、仁慈友善之举。而这个传授过程,从我们的感受来说,一定是充满热情、圣洁的喜悦,甚至眼含泪水的。卡尔的内心受到了触动,非常感动,于是就产生了也要向这些名人学习的渴望。

无论在什么时候什么情况下,他都会自愿地如我们所期望的那样做。如果没有的话,我们就会用这些故事去提醒他,然后我们肯定会如愿以偿的。

他几乎记住了德国诗歌黄金时代的所有作品,这些诗作诠释了高尚的行为、为他人牺牲、博爱、心地善良、宽宏大量、友谊等等内容。他轻而易举地学会了这些诗歌,并且掌握了其内容。

《好男人之歌》《玛格丽斯夫人》《人质》《哈布斯堡的鲁道夫》等是他最喜欢的诗作,尽管篇幅很长,但他都烂熟于心。

那么我想问问明智之人或者一个经验丰富的教育者:这样的孩子会变得骄傲自负、毫不谦虚吗?

没那么容易。对于一个不常受到吹捧的孩子来说,我会说,根本不可能!

然而,随着时间的流逝,他受到的这种毒害(吹捧)越来越多。吹捧的形式五花八门,不得不想出各种对抗手段。

我们有一次去哈雷市,之前我就猜到,在和我们一起进餐的人中,在我们要去拜访的家庭里,卡尔肯定会受到过多的赞美。

所以,在我们出发之后,我和妻子就看似漫不经心地聊起了有关恭维、赞美和奉承的话题。妻子对此很快心领神会。我们谈论时好像一点也没在意卡尔,但实际上我们一直在密切关注着他。我时不时说一些话,希望能强烈地影响到他,或者让他明白这些话对他是意有所指的。

从不久之后的情形看来,他理解了。有些人,出于某种精神上的软弱,常被误称为心地善良,喜欢说一些取悦别人的话。邪恶的人常常这么做,以对自己有利。无知的人这么做没有恶意,而是缘于对自己不了解的事物过于夸大。最后,还有一些人,他们竭力奉承,是因为他们把不说使别人不高兴的话,或者说些不真实让别人高兴的话,视为优雅的表现。

我补充说,真正的赞美无需多言。它可以是一个温柔的眼神,轻轻按一下手,几声真诚的赞叹,有时甚至是轻抚脸颊,或者一个亲吻,但最重要的是带着爱和善意,是以被赞美的人可以接受的行为方式。

接下来,我以 J 牧师最近对我的方式为例。他是我的一个朋友,没有因为我的努力而恭维我或者奉承我,而是煞费苦心地给我提出一些能帮助我不断改善提高的评论。

我们就这样谈着话到了哈雷市。我开起了玩笑,说:"你在大门口会注意到,守门人为了一点小费而恭维你,也就是,他们会说一些言不由衷的话,甚至阳奉阴违的话。因为我习惯给门卫一点小钱,他会高兴地跳着跑过来,对我说他是我卑微的仆人,询问我的健康状况,并很高兴听到我说一切都好,他还会问我有没有别的指示,并且确信我没带什么要纳税的东西。"我对他们的这套说辞已经很熟悉了。我接着说道:"如果他说了'我是您卑微的仆人'的话,我回应'请把我的靴子脱下来擦擦,它们在路上弄脏了';或者如果我让他发誓在听到我回答我很健康之后是真的很高兴;还有,如果在他问我有什么指示时,我告诉他,'立即去通知 W 教授我们已经到了';或者如果他的上司问他,'你怎么确信这个牧师没带要纳税的东西呢?'他都会非常震惊。"

我接着说:"他说的都是一些好话。他自己完全知道自己说了些什么。你看,如果一个人对他说的话过于在意的话,他就会蒙受很大的欺骗。更奇怪的是,有些人感觉孩子的父母过于理智和谨慎,不接受恭维奉承,他们就认为可以通过孩子进行恭维。"

"众所周知,大多数父母都爱自己的孩子,不仅仅是因为孩子是上帝赐予的高级生物,还因为他们觉得孩子就像年轻时候的自己。因此,像 G 那样的人就认为他对卡尔的赞美,一定不会使老威特无动于衷的。只要卡尔没做什么不得体的事情,没有无礼而放肆的行为,他就会受到别人的赞扬,所以我感到很难为情,也为卡尔担心。对于这些假话,可怜的孩子怎么回应呢?他一定会感到非常困惑。这就是我为什么喜欢 R 和 W 的原因。他们真诚而理智地给予赞美。G 成功地获得了数位父母的欢心,但那些孩子却都被奉承毁掉了,他们变得自负,认为自己无所不知。

最奇怪的是,当父母想听到自己的孩子被赞美的时候,一个诚实的人却没办法那么做去取悦他们。如果孩子勉强值得赞扬,这些诚实的人或许会说出一些习惯性的礼貌用语,但也只能如此,不会再多了。

但与此同时,这些父母会竭尽全力暗示这个实诚人,想使他有所觉悟,能说出赞美之词。如果这个实诚人有自己的孩子,事情或许会有所转机,因为他会受到他们的过度吹捧。'他肯定会出于礼貌,也进行恭维来回应!'他们这样说,也大肆赞扬,直到别人感到厌恶并不得不抗议才会消停。但他们之后很快就会说:'老威特真没教养!我夸了他儿子那么多,一点用也没有。我希望他能夸我孩子几句,但他没有!他认为自己能教好所有的孩子吗?不可能!他儿子还有很多不足呢!'"

"我的儿子,这些人就在那里。你认为是这样吗?"

卡尔对此完全同意,提到了一些自己需要的东西,说了赞扬过他的那些人的名字,其中有些赞美和他的优点不相干,有些就是过度的吹捧。

我和妻子接着说:"我明白了。当两位父亲或者母亲都竞相赞美对方孩子的时候,每一方都会对另一方大肆赞扬,直到某一方确信自己的孩子简直就是人间天使,而实际并非如此。如果真是的话,这些孩子的父母也不会受到这种无用的、甚至是有毒的吹捧的危害。"

此时,我们来到了城门口。我们的马车刚一停,那个很熟悉我们车夫、马车和马的门卫就跑了过来,并开始说那些几乎都是我预测过的溢美之词。我们都忍不住笑了。我玩笑式地打断了这样的谈话:"我们什么东西都没带,只有需要纳税的我们自己。噢,对了,我们带了一个小家伙!你夸夸他吧!还有,这是给你的钱!"我往他的手里塞了点小钱。我们继续往城里前行,我郑重其事地说:"看,想听那些好话,只需要两毛钱。"

那场谈话的效果显然很好,但我在这里还要多说几句。

大家不能认为,仅靠与卡尔或者当他的面进行一场这样的谈话,就能达到我们想要的结果。相反,我坚信,如果没有之前长期、细心的思想教育,如果没有父母反复持续的努力,如果没有我们好朋友的帮助,如果没有根深蒂固的道德和虔诚的动机,那么所有的努力都不会成功地穿破坚硬的外壳,而只会给他的智力和心灵留下一些微弱的、很容易就被忘却的印象。这就像一辆用三匹马拉着的马车一样。如果只用一匹马拉,哪怕它累死,马车也不会移动半步。要想让马车前进,并且是不费力地前进,那三匹马就都要用上。那样,马车就会很顺利平稳地前进。

由于很多人都相信卡尔是完美的,他认识不到自身的缺点或错误,他一定意识到自己已远远超过了其他孩子,这些都肯定会让他变得骄傲自大,所以我要提醒他们以上我所说的。我们经常当着他的面指出,如果他没有受到认真的训练和指导的话,他将会成为什么样的孩子;如果别的孩子一出生就被带到我们家,我们把他当成自己的孩子接纳并教育的话,这个孩子会发展成怎样的人。我们还向卡尔剖析,如果他能够一直专注并勤奋努力的话,他会在各个方面进展多得多。但他很清楚,自己经常在这方面或那方面做得不好,他自己心里记得,他的行为手册上也有记录。

如果在这样的谈话过程中,我碰巧看到了放羊娃,他本该上学却不得不放羊的话,我就会设法调整散步路线,让卡尔也能看见他。我会带着深深的同情说:"可怜的孩子!他现在本该在学校里学习的,但他却不得不放羊来谋生,因为他父亲有九个孩子,太穷了,养不起他。他迫不得已来当农场的雇工。你看,我的儿子,这个孩子说话多么机灵啊!如果他能受到适当的教育的话,一定会成为一个杰出的人才。"然后,我就跟那个孩子说,他少上了那么多学,会失去很多东西的,并且劝他到了冬天要常去上学。

我这么做从来没有让希望落空过。卡尔的内心受到了触动,也充满了同情。以他的心智,他很清楚也被感动得生出了怜悯之心,会明白他的进步与发展,他之所以会成为这样的人,不仅仅是自己的功劳,还和父母的努力分不开。

如果没有这些预防措施,我们怎么可能会使卡尔免受这些吹捧的毒害呢?我敢说,很少有孩子在成长过程中像卡尔一样受到那么多的赞美。然而,谢天谢地,熟悉他的人都知道这些赞美对他并没有造成危害。

"他一定很骄傲,"哈雷一位卓越的森夫博士在没认识卡尔之前说,"这是肯定的!"他反复这样说:"他那么优秀,如果不骄傲是不正常的。"我一再否定:"不,他不骄傲。""他肯定骄傲,"最后他还着重说,"要么他就不是人而是神。"我不再争辩了,因为我没办法回答了。"你要见见他。"过了一会儿,我才说。

不久后,我带儿子来见他。他立即就满怀柔情地喜欢上了卡尔,以一种更为慈父般的、更亲切的方式与卡尔聊了很长时间。最终,他转身对我说:"不,他不骄傲!上帝知道你是怎么做到的!"我把卡尔支开后,向他阐释了我以上提到的方法,他友好地不住点头认可,最后说:

"是的,用这样的方法是有可能达到这样的!我现在完全相信了,他不骄傲,永远都不会骄傲。因为我相信,如果他获得更大更多的理性力量的话,他就会成为人们所说的智者。而智者是不会骄傲的。"

时至今日,我克服了那些达官显贵的先生女士们及其家人和随从给我造成的数不清的困惑。我只提一下在哥廷根发生的一件事,因为这件事最能说明我当时的焦虑和我在这种情形下的应对之举。

N地一位H校长正在哥廷根拜访他的亲戚。他听过也读到过很多有关我儿子的事迹,来到哥廷根以后,了解了更多信息,尤其从他那对我们比较熟悉的亲戚那里知道了更多的情况。所以他让他亲戚在他拜访期间邀请我们前往,这样他就能对卡尔进行测试。他的亲戚很爽快地就答应了,因为他们知道我不会反对。

我们接受了邀请,也同意接受测试。H亲自又和我说了测试的事情,并且说他将很乐意就语言和各个自然学科对卡尔进行测试,但主要测试数学,因为这是他自己最喜欢的学科。我答应了他们的全部要求,唯一的条件就是如果他对卡尔的知识水平很满意,不能赞扬他,或者只能适度表扬。

"你会喜欢上他的,"我半开玩笑地说,"但你再喜欢,也一定不要表扬他!你自己也是个父亲,是个教育家,我本没必要对你说这些,请原谅。"

之前被我们故意支开的小卡尔进来了。H校长很快就把注意力集中到了他身上。他们的交谈也很快就转入了正式测试。

关于这次测试结果,我稍后再说。我想先说的是,H对卡尔非常满意,他慈父般地爱抚了卡尔,但很明智地几乎没有表扬他。我心里稍微放松了些,继续观察着他。最后,该进行数学测试了。H开始出了几道几何题,卡尔很轻易地就回答出来了,而且还常常使用多种解法。他还站在H校长的角度,接受了H的证明方法,而他原本对这些证明方法一点都不熟悉。这些使H校长非常满意。

这时,我感觉H校长的赞美之词差点就要说出来了,因此,我犀利地看了他一眼,他明白我的意思,赶紧缄口不言了。

但是,测试者和被测试者对测试主题进行得更深入了,他们已经把对方看作是共同热爱并探讨知识的朋友了。他们很快就沉浸在高等数学之中,而其中有些问题H校长也并不完全熟悉。

"噢,你知道的比我还多!"惊喜之余,他情不自禁地说出了这句话。我吓坏了,但还是想方设法警醒了他。

"我儿子上半年参加了数学讲座,"我说,"所以这些知识还没忘记。"

H校长明白我的意思,尽力控制住了自己的情绪。过了一会儿,他对卡尔说:

"现在我给你出最后一道题,这道题让伟大的数学家欧拉思考了三天都没解出来。估计你还没听过。"

我开始感到有些不安,担心卡尔真把那道题解出来,但我这种想法没敢让 H 看出来,他不太了解我,或许会把我的担心看成是我作为父亲的骄傲。而且,虽然我很想打断他们的谈话,但是我不能,因为那样 H 校长可能又会认为我是担心卡尔不会从而弄得我自己很没面子。他在继续出那道数学题。

他说:"有个农民有一块田,这块田的形状是这样的:

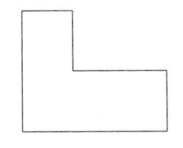

他临终前,把三个儿子叫到跟前,让他们把这块田平均分成三份,而且每份的形状还要与整块田的形状相似。"

说完题目,H 又特别问了卡尔一遍:"你有没有做过这道题,或者有没有听说过?"

卡尔回答:"没有!"我也证实了这一点,因为我一直参与卡尔的数学指导。

然后,我们给了卡尔一些时间去思考。H 和我走到房间后面聊天,他断定卡尔绝对不可能解出这道题。他说:"我给他出这道题,只是想让他明白自己并不是无所不知的。"

他几乎只来得及说这些,就听见卡尔大喊:

"我解出来了!"

H 困窘地惊叫:"这不可能!"

"你自己看!"卡尔边说边又画出他原来随意画的几条线段,

"这三块相等,并且形状与整块田相似。"

"你一定已经知道这道题了!"H校长大声说,声音里有点恼怒和轻蔑。

卡尔感觉受到了羞辱,眼里含着泪水,又说了一遍:"我没有!"

我不能再沉默下去了,我严肃地向他保证,卡尔以前从没听说过这道题,并且尤其不会卑劣地否认这种事情,或者厚颜无耻地坚持说谎!

"那他肯定比伟大的欧拉还要伟大!"H说着,但仍然半信半疑地盯着卡尔看。

我焦急万分,从房间后面我站着的地方大声喊。"不,绝对不会!你经验丰富,肯定知道。"我边说握紧他的手,然后大笑说:"也就是瞎猫碰上了死耗子。"

H校长明白了我的意思,有些慌乱地说:"当然,的确如此!"然后立即转向我,小声说:"只有用这种方法,你才会教育出这样一个知识渊博但却极为谦虚的儿子。"

而此时,卡尔已经和一个邻居愉快地聊起了完全不同的另一个话题。这恰恰是最让H高兴的。

第十三章　卡尔的玩具和最初的智力开发

我深信,我们越早陪孩子一起玩越好,而且只要方法得当,我们几乎可以把所有的生活物品变成具有很高教育价值的玩具。

和小孩子一起玩应该是一件轻松愉悦的事情,我们可以通过这种方式来唤醒、引导和加强孩子的潜能。我们应该从最简单最直观的物件开始,因为那些精美的物件对小孩子来说起不到什么作用。

比如,我们举起手指靠近卡尔的眼前开始晃动,一会儿一根,一会儿几根同时晃动。这很快就会引起他的注意,然后他就会突然想去抓住它们,但是一开始通常都抓不到。我们并不在意,而是把我们的手向他的手再靠近些,或是让他的手更靠近我们的手。当他抓住了我们的手指的时候,会为自己的成功而开心不已,并且开始吮吸那根手指。这时,我们缓慢而清晰地重复说出"手指"这个词,以使这个还没有理性意识的小家伙可以听清并理解这个词。几分钟后,我们把手指从他嘴里拿出来,然后再举到他眼前说:"一根手指"。接着,我们举起两根手指,又说"两根手指",等等。

如果他抓住了大拇指,我们就会像刚才那样说"大拇指"。但一开始我们尽量不让他抓到大拇指,免得认识还模糊的他会难以理解而感到困惑。在他真的认识了这些手指的时候,我们才会把大拇指伸给他抓,同时再说出这个名称。这样,我们能慢慢地引导他分清食指、中指和小指。我们每次都把游戏的方法精心地准备好,而这些词都要大声、清晰、缓慢地不断重复。

之后,我们开始在他眼前运用这些手指,从晃动到用手指拿起他的手或别的东西,过程都和上面说的一样。

为了训练卡尔的听力,我们会用到两把光滑的钥匙,在他的眼前和耳边分别碰击,并说"钥匙"。如果他最终抓住了钥匙并放进嘴里去,我们就可以像上面讲的运用手指的方法一样继续往下进行了。

不难发现,只要我们精心准备、用心琢磨,我们可以把任何东西都变成玩具。我也相信,这种方式远远比给孩子们买一大堆玩具,然后让他们随意去玩儿,而不给予任何细心的引导要好得多。这些还没有理性思维的小东西们,可能只会被玩具弄伤却什么也学不到。他们心不在焉地消磨着自己的时间,然后变得厌倦、易怒、任性,还会扔掉玩具或摔打它们。总之,哎,玩具太多,小孩子往往就习惯了破坏,而不知珍惜。

这种破坏的习惯很糟糕。我们可以从一些令人遗憾的事实中看到,这种坏习惯会粘在一个人身上很长时间,常常把他引入歧途,并且很难改掉。善于观察的父母会明白我的意思,因为他们肯定注意到了,破坏的坏习惯对孩子的智力和思想都产生了多么有害的影响。

孩子们把怒气发泄到玩具上,而这些怒气往往都是因无聊而产生的;然后,会发泄到所有他能拿到的东西上;最后就是他周围的人和小动物身上。任何人都能看到这种坏习惯引起的可悲的后果。

要想详细地阐释我的教育方法,那将会是长篇大论。只要提出几条建议就够了。有些我已经说过了,下面我再说几点。

在卡尔的认知能力到达某个水平后,我们就进入了另一个阶段来扩展他的理解能力。比如,过一阵子,我们会拿起一根树枝说"一根树枝"。然后我们再从树枝上摘下一片叶子,举到他眼前说"一片叶子"。我们在树枝和树叶之间反复切换几次,留给小家伙一些时间进行感知,而每次我们都大声地、清晰地、慢慢地说"一根树枝""一片叶子"。我们逐渐从树枝上摘下更多的叶子,说"一片叶子,又一片叶子"。接着,我们把两片叶子放在他面前说:"看,卡尔!两片叶子!"然后"三片叶子!"等等。

还有些时候,我们会指着上面剩有几片叶子的树枝,清楚地强调"一片叶子,两片叶子……",然后迅速自我纠正"哦,两片叶子",最后我们会惊奇地说:"啊,许多片叶子!"

当这枝树枝上所有的叶子都慢慢地被摘下来之后,我们便在空中摆动它,说:"一根树棍!"

然后我们指着叶子说:"看,卡尔!现在他是一根树棍了,所有的叶子都没了。他们都被摘掉了,现在它不是树枝而是一根树棍了!"

再过一会儿,我们会告诉他:"我是从树上砍下这根树枝的。

来,你看看我是从哪儿把它砍下来的?"接着我们把他抱在怀里或是牵着他的手,把他带到那棵树旁,让他靠近仔细观察那棵树。我们把那根原本是树枝,现在已成了树棍儿的枝条安回树上,然后再慢慢地很清楚地说:"看到了吗? 我是从这儿砍下来的。"同时再指着整棵树说:"它原来就是这样长在树上的。"

然后,我可能会问他:"还要再砍下来一根树枝吗?"

他肯定会回答:"要!"

这时,我肯定会故意找遍我的口袋也找不到小刀,并且反复说:"我身上没有小刀,没有小刀的话我就没办法把树枝从树上砍下来。"再过一会儿,我又说:"等等,我的孩子,我要去拿一把小刀。"

拿到小刀以后,我会指着刀说:"我这里有一把刀! 现在我可以用它从树上砍下树枝了。"

我砍下一根树枝,故意把它举起来说:"现在树枝被从树上砍下来了!"过了一会儿,我把树枝重新放回树上说:"看,卡尔,这里就是它原来长在树上的地方。"接着我把这根树枝和之前砍下的那根一起举起来说道:"现在我们有两根树枝了!"

起初,我们往往会一次指着一根树枝说:"现在我们有一根树枝,还有一根树枝。"然后说:"现在我们有两根树枝。"

这以后,我们才会让他注意观察树木的不同大小。比如,我们会先指向一棵矮树,说:"这棵树很小!"接着,我们再指向树干高的一棵小树,说:"这棵树高一点。"最后,我们再指向一棵高大的老树,说:"这棵树非常高。"我们所说的每一句话都清清楚楚,都运用了恰当的声调和适当的表情,以及相应的肢体动作。就这样,我们以游戏、娱乐、消遣的方式教会了他,有些树会开出更美丽的花儿,结出美味的果实,而有些树就不能。

如果恰好有一棵橡树,我就会做出要改正自己错误的样子说:"那是一棵橡树!我刚才没说对,橡树也能结果,但是我们人不能吃,猪却非常喜欢。你可以自己去看看!"

如果能找到橡子,我们就会捡几个给卡尔,让他带走扔给我们的猪。如果还没到结橡子的时候,我就会先找一会儿,然后假装沉思,最后恍然大悟地说:"哦,对了,我恰好想起来了,现在还没有成熟的橡子。你抬头看看树上,那里有橡子,但都还非常小。过几个星期,他们就会长大一些。也许有一些就会落下来。到那时,我们就能捡起来带回去了。"

我们以类似的方式,继续教了卡尔许许多多我们身边的事物,比如,玫瑰花。

我们会摘下一根花枝,上面有几片叶子、几个花骨朵、一朵半开的和一朵盛开的玫瑰花。我们把花枝放到卡尔面前,对他说:"这里有一根从玫瑰花丛中摘下的花枝。"然后我们陆续把每样东西都拿起来:枝条、叶子、花茎、大点的或小点的或直的或弯的刺、花丝、花萼、花朵、花瓣、外部、内部、大的、小的、光滑的、弯曲的、折叠的、白色的、粉色的、红色的;花药、雄蕊、花粉、花骨朵(我们最终会把它掰开)、半开的花,等等。当然还有一些事情,不过我们会在最后提到气味,玫瑰花的气味很容易闻出来,然后再和别的花和植物的气味相比较。

可见,我们周围最普通的事物为我们玩耍和教育提供了丰富的素材,这些事物在孩子五六岁以前,充当他们丰富的精神食粮是绰绰有余的。

在此,我要说,无论是谁,只要用这种方法学会听、看、感受和品尝,他们都是以一种正确的方式在学习的。他们的心智能力会获得足够的发展,以至于他的精神听觉、视觉和感觉,以及细致的观察力和品味都会以惊人的方式而变得高尚。

以上提到的方法在培养孩子们的道德方面也是很重要的。如果卡尔因为没有达到目的而不满意或大哭的话,我们只需要给他看一些新鲜的玩意儿,并且说:"看看这个多奇怪!"我们这样就可以成功地转移他的注意力,他就会停止发脾气,又重新变成一个开心的好孩子。他从来不会闹到嚎啕大哭或大吼大叫的地步。

我几乎没买过常规意义上的玩具。这部分的费用我节省了下来,因为任何东西都可以成为他的玩具。

我们房子前面的那一片相当大的空地也为我们的这种教育方法提供了很好的契机。我在这块空地上铺了两英尺厚的小鹅卵石,还种了花、开花的灌木丛和树。这个地方即使在下了几天的雨之后也非常干爽。雨停一个小时后,雨水就会从鹅卵石之间渗下去,这块地方重新变得干爽舒适。

不潮湿的时候,卡尔就会在这里和花园里,在美丽的大自然中生活和学习。起初,我们会让他关注身边的细节,之后他会自己观察,然后展示给我们看,一方面是想教我们,一方面是想得到我们的指导。

我忙于其他的事务,没办法陪伴卡尔的时候,我的妻子就会陪着他。她要做家务或照管花园的时候,卡尔就会和她一同站着、坐着或者一起走,两人讨论着已经做了些什么,正在做什么,和还要做什么。

我们不仅允许卡尔自由地表达他赞成或反对的观点,当然态度一定要谦逊,还鼓励他这样做。我们有时会故意犯些小错误或者忽略某些东西,如果他没注意到我们的错误,我们就会以玩笑的方式责怪他。

每一件小事都能成为我们这样做的机会,比如切芦笋、摘玫瑰花或水果的时候等等。如果我们找到个好借口没做某件事,然后卡尔提醒了我们忘了做或者有所疏漏的话,我们就会善意地和他开玩笑说:"哦,傻孩子!难道你不知道我没做……的原因吗?"

我们这样做,是为了防止他产生这样的傲慢心理——他懂得的比我们多。要知道,这样的情况下是很容易产生这样的想法的。

卡尔最早做的游戏之一就是玩沙子。他两岁的时候,我特意给他买了一套小桌椅。我至今还保留着这两样东西,并且会永远珍藏,因为在这把椅子上,在这张桌子旁,卡尔从玩沙子游戏发展到了完备进入大学深造的能力。

哪怕是在普普通通的不引人注意的玩沙子游戏中,我们也加入了能训练思维的东西。如果教育第二个孩子,我们会为了更好的效果而安排更多的事情。我相信,我们讲述的所做的一切都没有什么危害。如果母亲们愿意不厌其烦地这么做,当然会超过我们,比我们做得更好!

这类事情往往落在母亲们身上,因为父亲们往往要长时间地忙于其他事情,因此我会让我的妻子来讲述在这种事情上她做了什么,是怎么做的。

我的妻子会以一次典型的旅行游戏为例进行详述。这种游戏特别能引起有旅行经历的孩子们的兴趣。我真心希望所有的孩子都能有机会出去旅行,因为没有什么能够比频繁地变换住所及周围的环境给人带来的影响更深刻更长远了,尤其是一个人后来回到自己曾经逗留过的地方的时候。一个人所看到的、听到的、想到的,以及做出的判断和结论,都会与以前有很大的不同。

如果这样的旅行能通过模仿的游戏方式,尽可能让孩子经常回忆回忆,那就更好了。这样的话,孩子会记住很多事物和事情的,否则的话,这些很快就会被遗忘掉。孩子会以极强的敏锐力对这些事情进行判断和比较。

即使是非常简短的旅行,也很有用,尤其是经过合理安排,经常进行的旅行。富裕的家庭在这方面提供的条件远远要比贫穷的家庭好。但还是让我来给大家看看卡尔的母亲在这方面对于她的引导方法的叙述吧。

"有很多厨房用具被卡尔当成玩具。他跟我一起待在厨房的时间比较多,看我准备饭菜的时候,我就会把每件东西解释给他听。他对此很感兴趣,就会开始在游戏中进行模仿。我就会帮助他、引导他,利用游戏在不同的事物上给他更好的指导。然后,我们给他买一些大大小小的器皿,他就像我们放东西那样,在这些器皿里装上沙子。其中的一个容器里,他说盛的是面粉,另外一个里面是大米、粗磨粉、盐、牛奶等等。

把这些东西都分配好以后,他会自己选择是当妈妈还是当厨师。如果他扮演妈妈,他就可以点他想要的饭菜。接着我会问他一些问题,如果他不能正确地回答,他就会失去这个权利,而成为一位厨师。接下来,我就会指挥他,教他哪些东西分别该放在哪些菜里。比如,他要去菜园里找做汤用的蔬菜。一开始的时候,他经常找错,或者记不住我已经告诉他好几遍的东西,要是这样的话,我就会给他解释原因,然后把他解雇掉。

被解雇以后,他就不能马上再当厨师了,只好满足于当一个厨房帮手。

我们常常玩一种演戏的游戏,这种游戏可以让他对生活中的多种境况形成正确的认识。

比如,有时候他扮演妈妈而我扮演孩子。然后他发出指令,而我有时会做错或者根本不做。如果他没注意到这些,他就会失去扮演妈妈的权利。但是他经常能看出来我是故意不听从指挥的,反过来会对我提出急切的善意的抗议。我请求他的原谅,并保证我会改进,但过了一会儿我就又开始做他禁止我做的事儿了。如果他注意到了,他那可笑的认真劲儿让我非常开心。他严厉地警告我,有时会说:'好吧,我看你是不会学好了!我不再爱你了,我真是个可怜的妈妈!'

有的时候,他扮演老师而我扮演学生。我故意犯他曾经犯过的错误。他几乎每次都能发现,然后责备我,让我改正错误。这样一来,他就可以非常深刻地意识到自己原来犯过的错误的危害,并且学会了如何避免再犯同样的错误。他扮演妈妈的时候,我可以通过犯同样的错误来让他更好地纠正自己犯过的错。

如果他表现得相当好的话,我就允许他扮演父亲。然后他就会和我,也就是'他的妻子',谈论各种话题,其中甚至包括我们的儿子和对他的教育,而这个时候他所观察到的经常令我很吃惊。

我时不时会告诉他,我在卡尔身上仍然看到很多不足之处,然后一一列举出来。他会安慰我,并且一般会在最后这样说:'别担心,亲爱的!卡尔会改好的,一切都会好的!'

我常常让他提点建议,怎么去纠正孩子这样和那样的坏习惯,他会提出各种合适的方法。但当我回答说这些方法我都用过了的时候,他会着重强调地答道:'好吧,如果所有的办法都没用的话,那就打屁股吧,那样他会好好反省的。'

还有的时候,我们玩旅行游戏。他必须告诉我他要到哪里去,他想在旅途中看到什么,想去拜访什么人。在他说出他途经的地点名称的时候,还会用一些实物标注出来。冬天的时候,我们在屋里玩,夏天的时候在花园里。比如说,如果他要去马格德堡,五斗柜就代表哈雷,桌子代表克林尼,椅子代表贝恩堡,沙发就代表马格德堡。我就坐在不远处的另外一把椅子上,扮演住在马格德堡附近克莱恩奥特斯莱本的格劳比茨牧师。

卡尔首先会为旅行做好所有的准备工作,比如问自己是不是带齐了所有的必备用品,然后就会从代表我们家乡洛豪的炉子出发。根据他在实际旅途中所见到的道路的干爽或者泥泞的状态,他一会儿步行,一会儿又骑上自己的木马。

就像在真正的旅行中所遇到的情况一样,如果他交到几个旅伴的话,就会和他们一起乘四轮马车。

他从一个地方到下一地方所用的时间,按照走路、骑马和乘车的不同交通方式,根据两地之间的距离、路况的好坏、途中活动的种类等等,都按比例做出了合理的划分。当然,他到达过早或过晚的时候,我会做出相应的评论,他就会竭力纠正我的说法等等。

在哈雷,他拜访了W教授,并且和他进行了一次谈话。去克林尼的途中,他在一个酒馆里停留了一下,点了一份三明治和一杯水,用几片萝卜付了钱,然后就到了克林尼。在那里,他拜访了H一家,还在那里过了夜。

接下来的晚餐,他是在贝恩堡吃的,他在那里拜访了好几个家庭。接着,他又有机会去了马格德堡,最终到达了克莱恩奥特斯莱本。在这里,他给我,他的朋友格劳比茨,讲了旅途中各种有意义的事情。这样的旅行可以朝任何方向进行。

如果他没什么可讲的,我就会笑着说:

'让彼得漫游世界有什么意义呢?他什么都想不起来!'

接下来由我来扮演旅行者,我给他讲了很多我们一起参观的小城里的趣事。我们就这样想方设法地用各种方式玩游戏。

有时我们一起坐在桌子边。我拿着石板,让他告诉我他想让我在上面画什么。'一个男人!'这会是他要求的第一项。'接下来呢?''一座房子!'接着,一只猫、一棵树、一条狗、一个孩子和一张桌子。当所有的东西都如他所愿地画到石板上之后,他就会想知道这个人、这个孩子,还有这条狗的名字,想了解他们在那里做什么。然后我就会编个这样的故事:

'孩子,这个人的名字叫彼得舒尔茨,他刚为自己建好这座房子。他过去很穷,但是他勤奋工作,并且生活节俭。这样,他就赚了很多的钱,能够建成这座房子。然后,他与一个勤劳善良的姑娘结了婚,之后生了一个小孩,名字叫作奥古斯特。他的母亲就在厨房准备晚餐。你看到烟囱正在冒烟了吗?刚才,她喊她做完工作的丈夫,让他去找在树下玩耍的奥古斯特,因为饭已经做好了。父亲还要把狗和猫也带进房子里吃晚饭。这位好父亲都照做了。由于天气很好,他请妈妈把晚饭拿到花园里,然后他把桌子搬了出来。'通常,他会在吃饭的时候把这个故事再给他爸爸重复讲一遍,并且像当时对我说的那样,表达出他对故事中这一点或那一点的疑虑,尤其是故事中人物行为的道德方面,其中最多的是关于孩子的。而我们会时不时地进行辩论或者表示赞同。"

可以看到,这样一来,即使是贫困的人家,也可以在对游戏进行各种改编或改善后使用这种方式,从而给他们的孩子增加点快乐,并从中接受一定的教育。

卡尔从中受益最多的玩具之一是一盒积木。如果有英明的引导,这些积木能让孩子很多年都有事可做,并且从中得到快乐,同时也会学到很多东西。积木的玩法有很多,有的可以用来模仿搭建木房子,有的搭建石头房子。如果要搭建木房子、谷仓和马厩等,那这些积木在农村能更好地利用,因为那里几乎清一色的木质结构,孩子们要模仿起来会更容易。但通常情况下,积木只够搭建一栋建筑的,而且每个零部件都有细致的使用说明。这样一来,一个受过正确引导的孩子,受过训练自己去思考、探索和完善的孩子,很快就会对此感到厌倦。但积木依然是有价值的,它们起码让孩子对于木质结构及其组成部分有了客观具体的认识。

如果有足够的经济能力的话,你可以买几盒积木,当然,在征得孩子同意之后,把上面标明相应零部件的序号弄掉,那么积木的作用将会大大提升。你还可以买风车和水磨,以及其他一些孩子们见过的重要物件的仿制品,像水闸、盐场、蒸汽机等。但是要符合一个最重要的条件,那就是这些东西都可以拆开再重新组装。上面的指示性的数字同样可以早些去掉。

如果这些零部件组装错了,就会有部分会受到损坏,那么家长和孩子,或者到后来孩子自己,要想方设法地修理好。这样一来,孩子无形中就学会了自助,并且了解了一些修理工作。

最最重要的是一盒木质的建筑石材。我买的这些积木,有些长一英寸、二英寸、三英寸,一直到十二英寸长不等;有些是边长为四分之一英寸、六英寸、八英寸或十二英寸的正方形,这些可以用来搭建房顶,就像古代建筑一样。

此外,我们还有一些拱心石和斜切石,这样我们就可以采用一些建筑方法搭建一座石桥。当然,我们也不缺少可以搭建防护墙的积木石材。

卡尔用这些积木搭建了各种各样的建筑,一开始是在我或他妈妈的帮助下,然后就是自己独立完成了。他搭建的有:大大小小的房屋、他所见过的宫殿、外屋、谷仓、桥梁、教堂、高塔、栅栏、乔木等等。每种建筑里面都会有人、牛群或一些用具,谷仓里有玉米和稻草,阁楼有干草,木料间里有木材,地下室和贮藏室里放着一些其他的东西。

干草和稻草是大量存在的,随处可寻。花园里各种物料,他妈妈会给他,或者他自己会拿走一些沙子、土壤、鹅卵石等。人和动物是用大萝卜雕刻而成的,并且还会有木制的腿。那些用具呢,则通常是用纸做的。

接着,卡尔就成了房子的主人。他有妻子、几个孩子和仆人,还会自己添加马、牛、羊、猪、鸡、鸭、鹅等等。他仔细观察这所有的一切,然后心里记下还需要什么。

我想说,不难看出,这样的方式为父母和孩子们提供了多么宽阔而肥沃的教育土壤啊。一个受到正确引导的孩子,每天可以花数个小时的时间来搭建积木,他会一直在思考,努力发现新事物,以各种方式进行自我指导。

就这样,卡尔有一次发现了留间隙的建筑艺术,从而使他的石材的作用扩大了两倍甚至三倍。这给他带来了巨大的喜悦,他的建筑技术也取得了很大的进步。当然,对于他的发明,我们予以了肯定。

不管卡尔有多么少的玩具,也不管冬天有多么漫长,他从来不会对自己的玩具感到厌倦。恰恰相反,他一直都玩得很开心。

多数孩子,由于有太多的玩具可以玩,以至于对它们都满不在乎了。最终,这些孩子几乎不再关注任何东西,因为他们已经得到的太多而生腻了。他们一直想要新鲜的、更贵的东西,仅仅因为看到别的孩子有某种东西自己就也想拥有。而他们对这些玩具的正确使用,本来能给他们提供的帮助和带来的快乐,都漠不关心。他们无视自己拥有的,而只贪婪地想要自己没有的,这对他们以后的人生是最有危害的。这些孩子的圣诞礼物最后会变得很贵,但却没有发挥用处。然而,就是平常的一些小物件,却都可以有多种用途,这些给卡尔带来了无尽的欢乐。

只要天气允许,卡尔都会在室外,做上面提到的那些事情。在冬天,尤其是霜冻不严重的时候,他在外面玩耍,走着、跑着、跳着,做各种杂耍式的动作,骑在一根木棍上,也有可能拉着自己的手推车或者雪橇。

当天气更好，土壤不再潮湿的时候，花园就成了他的居所。他会花好几个小时的时间去除草，找芦笋，比较一些树叶和花朵的不同；去看看植物有没有发芽或开花，以便告诉我们；去观察无数的昆虫、爬虫、飞虫和跳跃的虫子等等，然后讲给我们听。他对这些虫子从来没有一点害怕的感觉。甚至在他还是婴儿被我们抱在怀里时，我们就会指着那些虫子给他看，就好像是某种多吸引人的东西一样。我们给他讲关于这些虫子的知识，让他习惯它们。在指导的最后，我们会说："男孩子不能害怕！"等类似的话来鼓励卡尔。

如果他发现任何他认为我们没注意到的事物，他就会大喊大叫着给我们看，坚持让我们告诉他这个事物的相关信息，或者急切地想了解它有什么用。他特别喜欢鸟类，对他来说，鸟巢就和人类的居所一般神圣，而雏鸟就好比人类的孩子们。他从不厌倦地欣赏着鸟巢那明确精巧的结构，成鸟对幼鸟的悉心孵育，鸟儿们的成长、变化、日渐丰满的羽翼，从最初父母作伴的飞行到在天空中独立自由地翱翔。所有这一切都为卡尔的教育提供了丰富的素材。

如果没有院子、花园、草地和森林的话，我们怎么能够培养卡尔对上帝的虔诚和敬畏之心呢？他内心深处坚定地认为，是上帝而不是我，通过阳光、风霜、雨露等等使得万物生长繁荣，他每次看到生机勃勃的事物，都会想到上帝——万物的创造者、保护者和供养人。

因此，我们有时候故意换一种方法来表达某种意思，比如我们会把"它正在生长、开花或结果。"表达成"上帝使得它生长、开花、结果。"至于天气，不管对庄稼是好还是坏，我们也都是这么说。

卡尔在花园里，或者任何一个户外的场所，他都会感觉自己身处尘世的有形天国里,在这里,上帝正以万能的力量、智慧和善良统治着一切,为了人类和动物而不断地创造新奇迹。在上帝的密切监视下,他的言行举止怎么能不当呢?

我可以满怀信心地说:"一个孩子,如果没有受到错误的引导的话,那么在上述的条件下和环境中,他就会一直是或者一直想要敬畏上帝、忠爱上帝的,并由此而变得顺从、恭敬、温和、感恩、勤奋等等。"

第十四章　孩子们必须多和其他孩子一起玩耍吗？

一直有人跟我说，卡尔应该有一个玩伴，否则他的童年就不会快乐，然后就会变得厌倦、缺乏幽默感，甚至会很执拗。因此，我最终妥协了，并且在妻子的帮助下，在反复筛选后，我们选中了两个年龄稍微大一点的女孩。她们俩看起来应该是整个社区里表现最好的孩子了。她们和卡尔一起唱歌、跳舞、玩耍，卡尔当然很开心。

然而，在此之前从来不任性，从来不说谎的孩子，现在这两样都学会了。而且他开始习惯了粗俗的语言，变得霸道、专横跋扈，这是因为这两个小女孩从我们这里得到了一点好处，所以不曾对他有何异议。

我们曾经确认过的，如果她们不迁就卡尔，而是让我们了解到他的蛮横，那我们就会很高兴，但事实上不是这样的。她们的年龄、社会地位、所接受的教育，以及与此息息相关的偏见使她们对此充耳不闻，因而我们不得不让她们离开卡尔，不再让他们一起玩了。

认为不和别的孩子一起玩，孩子就不会快乐的观点，真的是愚蠢又有害的。

孩子们当然想和孩子们一起，因为那样，他们的想法、爱好、言行等都不用小心谨慎了，也不会一直处于被保护和监督之中。但是，一个大人只需要以小孩的身份跟他们一起，参与他们的玩笑，不时让孩子们占些优势或显得更聪明，允许他们处于更有尊严的地位等等，孩子们就会同样开心，还能避免淘气或轻易伤害别人。

最糟糕的情况是，孩子的玩伴是缺乏教养的孩子，特别是在缺乏密切监督的情况下。

上面讲到卡尔的玩伴时我提到的问题，在其他家庭中也屡次出现了，甚至更严重。教养好的孩子的优点和美德很难传给教养不良的孩子，但是反过来却很容易。这是因为，至少在一开始的时候，美德需要努力和自制力，而这恰恰和我们的意愿与志趣是相悖的。但是坏毛病却更容易养成，因为我们天生的感性是偏向于此的，而有不良风气的小朋友的典型更是促进了这个"变坏"的过程。

最有风险的是孩子们一起待在同一个院校或是公立中小学里。说到中小学，三十多年以来，所有明智的家长都会注意到有一条既定的原则，那就是除非万不得已，绝对不要把孩子送去底层学校，因为那里缺乏教养的孩子远远比上流学校里多得多。

只要我们的学校没有在教学的同时也关注道德教育，只要学生们没有自始至终（尤其在课间休息，上学前和放学后也一样）一直处在老师的监督之下，如果大部分老师都能传授的教学知识不是由专业老师指导，且教学效果不那么令人满意的话，那么有见识的父亲就宁愿让孩子不去上学。

一个人应该只教很少的几个孩子，可以只负责两三个，这样对孩子的监管才会有效。如果一个人鉴于经济方面的原因，想接纳十五到二十个孩子，那他就要有足够的师资，让每位老师只负责两三个孩子。

如果这些预防措施一条都没采取的话，那么，来自世界各个角落的所有坏毛病汇聚在一起，将很快蔓延成为普遍现象，然后就会碾压、盖过现存的些许美德。

臆测小孩子如果不常和别的小孩交往的话，就不可能讨人喜欢或不擅交际，这种想法真是太愚蠢了。我不止一次地发现了与此相反的有力的例证。

卡尔和每个以同样方式被教导的孩子一样，都比较顺从，这对他们来说是很自然的事情，毫无痛苦而言。别的一些孩子会想方设法地想怎么捉弄同伴就怎么捉弄，然后就会习惯于自作主张。由此，慢慢衍生出圆滑、虚伪、谎言、争吵、固执、怨恨、嫉妒、傲慢、中伤、争斗、诽谤等等。而一个只和父母或其他通情达理的可信赖的人一起玩的孩子，会远离这一切坏习气。

当然，我在这里并不排除孩子们相聚的机会，只不过这种聚会只能偶尔进行，并且是在我们的监管之下进行的。这种偶尔的相聚没有完全脱离监管，也就有益而无害。卡尔在或长或短的旅行中，就在这种情况下有很多次机会和孩子们共处。

他与那些孩子们相处得那么融洽，以至于他们都很喜欢他，甚至每次在分开的时候他们都会眼含泪水地恋恋不舍。卡尔养成了淡定、愉快、条理、理智的好习惯，甚至在做游戏的时候或和其他孩子待在一起的时候，也都遵循着这些习惯。对他来说，根本就没有什么争吵的理由。相反，他常常消除误解以避免争吵，或者通过祈祷、合理论证等方式来结束争吵。

因为他在家里从来没和任何人争吵过,所以这种行为在他看来是令人厌恶的、不得体的。他觉得争吵会中断游戏,也不会被日常反复出现的争吵激怒。因此,他不会那么轻易激动,也不会因为孩子之间不断的争吵和打闹而亢奋。对那种时常会让孩子们玩不下去的怒气,他可谓是一无所知。他总是淡定自若,而其他孩子有可能激动兴奋得不得了。迄今为止,哪怕是最淘气的男孩子都从来没有激怒过他,使他出口骂人或者与人打斗。

几乎所有的孩子,无论是男孩还是女孩,只要近距离和卡尔接触过,都会很喜欢他。他们一致认为卡尔脾气温和,能和他人和睦相处。甚至在他成年后,我从来没见过,也没听说过卡尔和任何一个小伙伴争吵过或有过纠纷,尽管在学习、研究的过程中,在和别人讨论课程的过程中,这种争吵极有可能发生。我认为肯定会有这样的情况,因为他的对手通常都比他年长很多,但事实上从未有过。

卡尔通常会和比他优秀的人在一起,而那些人也很了解他,因此他们对他有着亲密的尊重和爱护之情。他们之间的相互关系常使我感动得落泪。

我要向这些可敬的年轻人致谢,感谢他们一直以来那么温和地体贴关爱卡尔,他们绝对值得我和卡尔尊敬。

因此,人们应该摒弃那种有害的偏见了,那就是孩子只有和别的小孩一起玩才会开心快乐的偏见。同样,也有人会说,应该让孩子们多和佣人们待在一起,因为孩子们也喜欢佣人们的陪伴,可是,除非特殊情况,谁愿意这么轻率地把孩子扔给佣人管教呢?

第十五章　卡尔的饮食

我的妻子在怀孕期间几乎没有改变她一贯的生活方式。她最多只是不吃那些不好消化的蔬菜，或者比平常少吃一点儿。一直到后来的整个哺乳期里，她也是如此。

人们知道，我们没请奶妈，而且，只要卡尔的母亲能给他提供充足的营养，我们就只给他喂养母乳，不添加别的食物。所以，他们对此很担心，说我妻子不是那种高大强壮的女性，她怎么能为孩子提供足够的营养呢？

然后，我们就收到了大量的建议，如果我当初不够理智或者意志不够坚定地采纳了这些建议的话，有可能会使我妻子病倒，而且会要了孩子的命，或者把他养得体弱多病。

给我们提议的人都知道，我妻子每天只吃一些最普通的食物。尽管她可以时常饮用那些昂贵的饮料，但她坚持只喝纯净水。她的早餐就是和我一起在花园里散步时吃点抹黄油的面包，喝一杯水。她下午从来不喝茶或者咖啡，晚上也吃得非常简单。她就是以这种生活方式长大的,并且感到很健康很快乐。想象一下,这样一个人突然收到这样的劝告——"早晨在床上喝两杯加有精炼奶酪的浓咖啡,吃一块椒盐脆饼之类的东西;十点钟的时候喝一大杯或两小杯浓巧克力,再配一个用黄油烤的面包卷。"

如果她在主餐前想吃点东西,或者距离主餐还有很久的时候,她要"喝一两杯优质肉汤"。吃主餐的时候,"她一定要喝浓浓的肉汤,吃优良的蔬菜、烤鸡、鸭肉或鹿肉,可以搭配一些滋养的能提神的东西,比如几杯经过严格质检的法国陈年葡萄酒或是优质红酒"。一天当中,她应该喝"一些烈性啤酒,最好是加了糖的莫尔斯堡啤酒"。主餐之后,再喝"几杯加奶酪的高品质咖啡;五六点的时候,喝几杯茶,加几块椒盐饼干,或者再喝点优质肉汤;晚上,喝肉汤配烤肉,外加一杯葡萄酒,之后是上面提到过的啤酒"。她要"禁止做家务,不能跑来跑去,但可以经常去花园散散步"。

即使我的妻子按照这种生活方式依然能奇迹般地保持健康,卡尔也会长成一个矮胖的小家伙,他会在夜里闹得妈妈无法入睡,饱受出牙的折磨,时常遭受各种儿童疾病的损害性后果。上帝保佑,这些事情都没有发生。我还参加了一些医疗讲座,后来又进行仔细观察和体验,都毫无意义。

我要客观公正地说,我那个不经事的妻子,不管曾经或许多么想接受人们推荐给她的生活方式,最终都带着对我的信赖而拒绝了所有的劝告,保持了自己一贯的生活方式,和以前一样用心做家务,并四处活动。她让我感到万分荣幸,因为她本可能让我难堪地说出人们常说的那种话:"大家都这么说,你难道比所有人都懂得更多吗?"我注意到了她作为一个正常人,偶尔也会有这样的想法,但是她很少说出来,因为,近四年的生活实践足以向她证明,我这种简单的生活方式是合理的。

她生活方式中唯一的一点改变就是在早晚喝一些稀的燕麦粥,然后在主餐的时候比以往多喝一点汤。结果,她的乳汁非常充足,让人毫不担心,而且从没有过听说过的产褥热之类的问题。她的母乳一直能给卡尔提供充足的营养,所以他不用添加任何别的食物,也被喂养得很健康。这个纯净的没受到任何污染破坏的人体器官,不需要人过多的付出竟然就可以发挥出这么大的作用!至于产褥热等疾病,根本不用考虑。

如果我们理会了人们对我们敦促的建议,那我的妻子会多轻易患上这类疾病呢?我的孩子又多可能会夭折呢?以下是很好的证明:

在K地的一个洗礼仪式上,我的妻子和平时一样快乐,胃口也很好,她发现了一道特别喜欢的荤菜,那天晚上就多吃了一些。第二天,她自己倒很好,但是她的乳汁却不再像平时卡尔所习惯的那样温和了。卡尔因此发起了低烧。我们没有给卡尔用药,而是让我的妻子在那天适当地少吃点肉,吃一些清淡的食物,然后多散了会儿步。这样就使卡尔恢复了健康,他第二天就又生龙活虎的了。

如果我们没有注意到卡尔发低烧,没能判断出正确的病因,如果我们试图用药物(一些有毒副作用的东西)来治疗,而我的妻子继续食用那些不好消化的肉的话,结果会怎么样呢?

但是,那些劝告者们不会考虑这些问题,或者说不想去考虑这些问题。那么多人依然坚信他们的建议是正确无误的,如果我们尊重他们的话就必须要遵循。这些目光短浅的人把"建议"和"命令"两个词的概念弄混了。我常常不无痛心地发现或者感觉到这一点，某些专业学者也会混淆。

我永远都理解不了阳奉阴违的那一套。因此，我在一开始尽力说服那些劝告者去接受和他们所提倡的截然不同的一种生活方式，但是我最终一败涂地。和以往一样，一些诽谤中伤很快从迪斯考开始散播，经过哈雷，一直传到人们知道我的各个地方。他们指责我好争吵、傲慢自负、吝啬、对妻子刻薄，还声称我假装比别人懂得都多。事实上，那些诽谤者们还公然宣称，他们相信我的妻子将变得虚弱而我的儿子也会这样死去。然而，这都没能成为现实，公开地或者是暗地里打听询问的结果都向他们证明了我是对的。这样一来，我就更激怒了他们，他们现在开始从整体上谴责我，而在此之前，他们只就某些事情对我进行过谴责。

从那时起，在哈雷，多年来都有关于我的一种说法，那就是我是命运的宠儿。这些批评者们不愿承认我这样或那样的成功缘于我成熟的经验、慎重的思考以及钢铁般坚强的意志。

卡尔接受了九个月的母乳喂养，在此期间没有吃过任何别的食物。只有一次，我们没能克服人性的弱点，而接受了人们普遍的一种说法，说会对母亲有极大的好处。我们小心翼翼地额外喂了卡尔一些东西，但他们母子俩立刻都因此而感到不适，于是我们又重新按照自己的办法来喂养了。

在卡尔要断奶的时候，我们有时会将烤面包弄碎，加上水和一点点奶油，弄成汤喂他。我们逐渐频繁地这样做，我的妻子也慢慢地和儿子拉开距离。几天之后，卡尔就忘记要喝母乳了，而他妈妈也不知不觉没有了奶水。

接下来,刚才说的这种汤就更频繁地和燕麦粥轮流成了卡尔的食物,有时我的妻子偶尔还用鲜奶煮燕麦片。之后没多久,卡尔可以偶尔喝点肉汤了,如果煮得太稠太浓的话,我们就加点水稀释。渐渐地,卡尔习惯了吃一些易消化的蔬菜,最后习惯了我们吃的所有的东西,当然,他吃的肉类相对少一些。随之,卡尔的牙齿也很自然地一颗接一颗地长出来了,他自己没遭什么罪,有的我们甚至都不知道。

我的妻子在给卡尔断奶之前做了如下的准备:从打算给卡尔断奶开始,她就开始少吃,尽量不吃肉或者那些有营养的食物。她确实经常很饿,因此喝了很多水,这样一来,她的乳汁明显变稀变少,卡尔不再吃奶几天以后,她的奶水就彻底没有了。这个过程中,我的妻子没有遭受到任何疼痛或痛苦。

断奶之后的头两年,卡尔早上喝点汤,后来就和我们吃同样的食物了,涂黄油的面包和新鲜干净的水。在他四岁左右的时候,我们在十点和十一点之间会再给他一片抹了黄油的面包。

尽管我们严格注意他的饮食,但卡尔偶尔会在暗地里收到一些食物。这些食物主要来自那些农村妇女,她们只知道用这种办法来表达对卡尔的喜爱。他有一次就因为这个原因,差点受到了严重的伤害。那还是在他没断奶之前,有一次R地的P.G夫人喂他吃了血肠。在他生病之后的第二天,我们才从带他去那里的仆人口中得知这个原因。

卡尔三岁的时候,就和我们吃完全一样的食物了。简单的早餐之后,卡尔总会去外面玩耍,然后在吃主餐的时候他的胃口就会很好。我们教会他不挑食。在这方面,像对他的整个教育计划一样,我们融入了爱、真诚和理智。我们每天都精心准备新鲜的饭菜。如果有某种食物卡尔不是特别喜欢吃,我们便会做出让步不逼他吃太多。但同时,我们会举一些例子或是特意编个故事来使他注意到,他不喜欢某种食物就会失去很多乐趣,因为我们以及其他所有的人都喜欢。我们会说:"我们每次吃这种食物时都很快乐,而你却不开心。习惯它吧,你就不会讨厌了,而是会和我们一样快乐了。"由于我们,作为他的父母,本身从不挑食,所以更容易让他以我们为榜样,从而也像我们一样不挑食。实际上,不久以后,卡尔就不挑食,什么都吃了。

下午四点的时候,卡尔会再吃一些涂黄油的面包,喝一小壶水。大多时候面包上不涂黄油也可以,因为我们给他讲的故事教会了他减少需求的好处。晚餐之前,他照例会喝点汤,这有助于他很快入睡。

我们从不记得卡尔在家中出现过消化不良的情况。即使出门不在家,这种情况也极少发生,就是有也无关紧要。主人们会出于对卡尔所谓的爱,而一直让他多吃些。但卡尔只要自己觉得够了,便会拒绝这种示爱,甚至面对最诱人的美味,也会说:"谢谢您,我已经吃饱了。"这种拒绝往往会令主人们震惊不已,甚至有些恼怒。

我要郑重地指出,这类人对卡尔的无知的爱那么强烈,以至于对我产生了真正的怨恨,因为他们理解不了,因而也不会承认卡尔的拒绝是发自内心的。

他们会说:"这是违背常理的,小孩怎么会不喜欢精美的小点心呢?你一定极其严格地禁止了他吃这些东西,或者是你给了他暗示,而这个可怜的孩子无条件地服从你。"

这些的的确确就是他们当着我和卡尔的面所说的话。在他们看来,我无疑是个野蛮的父亲。

这些可爱的人们当然是从他们的立场出发谈及自然天性这个问题的,甚至没有考虑过教育者的责任就是把低级的感性本质高尚化,通过理性和习惯启发出人类身上最高尚的品质,并强化它,使其处于支配地位。他们不知道,要完成这件事情并不难,如果从一开始就对孩子进行正确引导的话,就会随之自然而然地取得预期的效果。

我们对卡尔在这方面采用了多种不同的方法进行引导,他已经把健康和愉快的心境看作最宝贵的两大财产。我们很少,甚至可以说从来没有错失过良机来对这两项事物进行赞美,或者对这两者的欠缺深表遗憾。我们经常说:"那些吃得太多的人后来就会失去自己良好的精神状态,感觉不舒服,甚至生病。"如果他在某个地方吃得过多,我们就会很同情他,因为他会难受,没办法像平时那样快乐。不过,与此同时,我们也用这个鲜明的事实向他展示了吃得过多带来的不便,比如他此时正在忍受的不适。我们还会让他注意到可能会产生的更糟糕的后果,比如尤其在天气好的时候,他会无法出去玩耍、学习或帮我们的忙。我们让他意识到,由于他身体的原因,我们也不能出去了,从而会错过一些美好的事物,并且还会为他担心。

对于一个一直接受正确引导的孩子来说,他们听到这些怎么会不难过呢?如果说我了解人的思维的话,我想他会忍不住为自己的轻率行为而后悔,并且下定决心以后要更加小心谨慎。我们根本不会接受像"他们硬让我吃的"这类的借口,因此卡尔也从来没这样为自己辩解过。

"你知道的,我亲爱的孩子,吃得过多是有害的。你为什么会屈从呢?他们现在能替你忍受身体的不适吗?去让他们难受去!但是你不能那样做,他们不能也不会替你受苦。所以,今后一定要更加小心,在这种场合,要想想我们不允许你做的事情。否则,难道你会认为那些人比我们懂得多吗?你认为他们会比我们更爱你吗?亲爱的宝贝,那怎么可能呢?我们是你的父母,是每天都给予你关心和爱的人。我的孩子,你可不能有这样的想法!你在别的地方吃的东西不会花我们一分钱,那么我们为什么这么热切地希望你不要吃呢?因为那会伤害你!"

这些话深深地触动了卡尔,他会拥抱我们,然后庄严地发誓他以后会更严格地监视自己、要求自己。

之后,我们通常会根据情况编一两个故事讲给他听,而这种方法屡试不爽。我们还会从生活中引用事例,因为这样的例子太多了。在农户家庭里,孩子暴饮暴食是常有的事情,因为这些人只追求感官的享受,他们对更高尚的快乐一无所知也无法获取。我们喜欢从更有教养的家庭中找这样的事例以引起他的注意,尤其是从他的小伙伴或者熟人之间来选取合适的事例。

有一位牧师的儿子叫F,住得离我们不远。我第一次去他们家的时候,那个孩子只有一岁。他那么可爱,我在去洛豪的路上忍不住对妻子说:"这个孩子可以被培养得很棒。"

然而,很快,他们就称这个孩子为"乖孩子""爸爸的宝贝儿""妈妈的宝贝儿"等等。当然,后两种称呼他当之无愧,但第一种绝对不符合。不久,我就可以确定他不会被培养成才了。他的父母把他喂成了大胖子,而他妈妈还经常引以为傲地在我们面前炫耀。我真的很为这个孩子担忧,于是忍不住地向他母亲说明孩子吃得太多太好会出现的各种不良后果。

然而,他的母亲只是会意地微笑着,他的父亲则得意地指着其余九个孩子让我看,的确,他们长"大"了。我不能再继续讨论这个话题了,于是只好缄口不言。

我所担心的事情事实上真的发生了。这个孩子经常因为暴饮暴食而受罪,长得越来越不好看,牙疼得厉害,得了各种儿童疾病,经常奄奄一息的。但是由于他的父母非常健康,所以这个孩子也有着很强的生命力。他虽然不断地遭受病痛,但还是活了下来。

这个孩子八九岁的时候,我每次看到他都会心生悲哀。他个子矮小,身体浮肿,体型令人厌恶,头也异常得大,脸上都是麻点,五官不端正,双目无神,表情呆滞。

人们总是践踏人性真是令人痛心。这个小孩没有时间可以用来思考,因为他要一直忙着消化食物。他的智力水平也因此处于令人担忧的状况。但是他本人对此一无所知。他所就读的乡村学校里,他比那些农家子弟差远了。但碍于他是牧师的孩子,那些孩子们都很尊重他,甚至让他有种错觉,感觉自己比他们强。

我坚信,他在每个节日都会暴饮暴食。有一次圣诞节之后不久,我在路上遇到了他的一个哥哥,于是我就问:"你们家人都好吗?"

"是的,谢谢您的问候。"

"但是F生病了,不是吗?"

"是的。但是,您是怎么知道的呢?"

"哦,好吧。不是刚过完圣诞节吗?"

有同情心的人可以从我这些发自内心的话中体会到我的苦涩感。但我并没有太冒失,因为这个哥哥在小时候吃得也很多。

我很快带上卡尔去看望F。F肚子疼得厉害,头也剧烈地疼痛,而且还有点儿神志不清。

我当着卡尔的面,通过问答的形式,开始和F的家人聊起来。讨论的内容都是我想要讨论的,卡尔也从中学到了很多。然后我发自内心对因不小心而受苦的F深表同情,祝愿他早日康复,之后便带着卡尔回家了。

我们刚一走出人家家门,卡尔就开始和我一起回顾刚刚的所见所闻,并且都发表了适当的评论。他真诚地请求我以后一定要禁止他过量饮食,并且保证自己一定会服从的。

就这样,自那以后不久,无论什么时候出访,我们只需要对他稍作提示就可以了,又过了一段时间,连提示也没有必要了。

如果当初我们没有以这种方式教育他,我能对他做些什么呢?卡尔在四到六岁的时候,就经常在马格德堡、莱比锡、德累斯顿、柏林和罗斯托克等地方,特别是一些小城市和村庄里,坐在摆满美味佳肴的桌子旁,而且因为有些人喜欢让他陪坐在身边,所以他通常都会坐得离我比较远。在七到九岁的时候,他已经比较出名了。我们经常被邀请参加丰盛的宴席,如果没有节制,他就已经被毁掉了。在这些场合中,人们为了观察他的言行举止而把我们父子分开。这些人多次向我坦白,他们竭力用食物引诱卡尔,但是都没能得逞。

这在一开始很让我担心,但后来我就只是淡定地微笑了,因为卡尔从五岁起在家吃饭就按照自己的意愿有所节制了,而且从来没有吃多过。

至于糖和糖果,我们从一开始就教他要少吃或不吃这些东西。糖和糖果口味太甜了,会让孩子们对简单的饭菜不再感兴趣,从而降低食欲。这已经够糟糕的了,更糟糕的是,孩子们很快就会热衷于甜食,而且会自己跑去买。最严重的是,如果他们不能再去买的话,就会对父母和社会不满,然后或许会去偷糖果或者是偷钱去买糖果。

除此以外,我认为,由于糖果比较甜腻,经常吃就会在胃里形成一层糖衣,然后就会损坏胃。这样就会滋生寄生虫,从而使人体不适,甚至会造成严重的胃痉挛。孩子们也不能(但通常这样做)嚼食和摄入大量的糖,否则会损害他们幼小的牙齿,因为,糖里含有一种物质,会直接损坏牙齿表面的珐琅质,进而损伤牙齿和牙神经。即使这些都不考虑,那从被糖损伤的胃呼出来的气体就足以损坏孩子们的牙齿了。我见过这样的情况,所以得预防出现这样的情况。

有一点我还要提到,那就是糖果一般都是在孩子们吃饱之后才给的,单就这一点来说就很有危害,因为糖果会诱发孩子们的食欲而使他们贪食吃得过多,然后就会损伤胃。

无论如何,我发现人们对糖的一些成见其实是正确的。"糖果使孩子们的牙齿变黑",还有"糖会让牙齿掉光光"等。

所以,我们从不允许卡尔养成吃太多糖或糖果的习惯。有人会硬塞给他一些,但都被拒绝了。

在哈雷的一个家庭里,有种习惯就是时不时给孩子们蛋卷点心。我请求他们不要给卡尔，但是没有用。我详细阐述了原因，但他们只是一笑而过。我想过不再拜访这户人家了，或者至少让卡尔少去，但到了后来这些想法都显得毫无必要。卡尔很懂我们的想法，他把蛋卷分给在场的人，然后把人家给他的大块糖果喂一条很喜欢吃糖的狗。令人惊奇的是，他从来不把糖分给人，好像在他看来人吃糖没有什么用吧。

那个家庭的做法给我带来了诸多烦恼，因为他们会转而对着我。卡尔每次分发糖果或喂狗的时候，他们都会责备他，并且让我命令他保管好别人给他的东西。我怎么都不会照他们说的做的。开始的时候，这种事情确实影响了社交欢乐，但是主人们慢慢地也就习惯了。卡尔三岁的时候坚定地不再吃糖果了，他们也就一点也不逼迫我们父子了。

我提到过卡尔吃的肉比较少，很长时间以来都是这样。但是他的食量却是逐年递增的，尤其当我们发现他长得特别快的时候，我们就会考虑要准备些更有营养的食物，那样对他有好处。

为此，我们每天常不止一次地记录卡尔的气色、胃口、活动量和精神状态，以及他思维何时会比较活跃等，当然我们更多的是关注他身体的成长。他的体重变化被标注在一个门柱上，每个月的第一天都会测量一下，而每一次体重的增加都会引起我们的注意。如果增长很多，我们就会让他少吃点肉。

无须证明，我们都知道吃太多的肉对孩子们的肠胃是不好的，至少会引起消化不良，还会破坏胃液的纯度，从而引起一系列的麻烦。

即使孩子们消化掉了所有的肉类食品，也没出现明显的身体不适，那也还是对身体有害，因为他们会逐渐变得暴力、任性、固执、残忍等等。

这些情况在自然界可以看到，肉食动物的野蛮和草食动物的温和就是很好的对比说明。我发现这在人类里也是相似的，我个人对一些偏远民族的观察所得的信息也证明了这一点。我们还有一个能让人信服的例子，那就是卡尔。全素的饮食会使一个孩子变得过于温顺屈从。我认为我有责任向大家说明这个情况，这样也尤其可以推断出相反的情形。

由于我们细心的照料，卡尔三岁以后，性格就是既不过于暴力也不太过温顺。而他三岁那年，我和我的妻子很有必要去汉堡一趟。我们面临的最大的一个难题不是我们的东西怎么办，而是卡尔该怎么办。

很多人都主动提出把卡尔带到他们家帮我们照顾，但是我们很担心，像糖果、肉类、过于纵容等问题让我们犹豫了很久。最终，我们决定把他托付给一位莱比锡的亲戚兼好友海因茨。因为他的三个儿子和两个女儿都已长大成人了，并且很是他的骄傲，这一点可以看出他知道怎么带孩子。而且，他也是最支持我的教育方法的人。我们经常去他家做客，卡尔在那里从没有受到过上面提到的诱惑或是纵容。

海因茨非常乐意把卡尔带到他们家去，并且让我给他写了一份详细的说明，以便他和他的家人知道该怎么照顾这个孩子。我给他写下了注意事项。也许是因为我过于强调让卡尔少吃肉，或者是他们责任心太强而非常严格地遵照我的说明。不管是什么原因，卡尔和他们一起生活的八周时间里，卡尔因为他们过于谨慎而没能摄入足够的肉类。我们去接他的时候，他的过度温顺差点让我们落泪了。原来那个充满活力、机灵古怪又友好的、调皮的、偶尔有些放肆的孩子不见了。此时站在我们面前的是一个软弱的、顺从的、温柔地笑着的小男孩。他一开始没认出我们，后来才迟疑着对我们的热情拥抱有所反应，而他的眼睛也开始充满了泪水。

那一天，我们还没离开莱比锡，我就带卡尔多吃了一些肉，然后才返回洛豪。两周后，卡尔就又开始在房子里、院子里、花园里开心的打滚儿、翻跟头了，又像以前一样会开玩笑、逗乐子了。

第十六章　关于卡尔的道德教育

对于卡尔的道德发展，我们一直遵循并带着强烈的责任心尽力实行，其基本原则是：要对他保持公平合理、严厉又温和的态度。如果我们中有一个人忽视了他身上的某些东西或者轻易就原谅了他，那另一个人就会把这看成一个大过失，就像我们对他过于严厉或过于热情一样，这两者说到底都是不好的。

我们允许卡尔向我们要任何东西，只要是必要的、公正的、有好处的。即使我们出于这样或那样的原因必须跟他说，某种东西已经不再适合他了，但是我们还是会满足他。如果他要的是别的东西，不符合上述要求，那他的要求就会被断然拒绝。如果他能自己明白其中的缘由，我们就不用做进一步的解释；如果他依然理解不了，我们就会尽可能给他一个合理易懂的解释。如果他看起来好像忘记了他所知道的，我们就会不断地询问以让他回忆起来。

甚至在他一岁以内的时候，我们也常大声、清晰又认真地对他说："不！"然后，我可能会晃动两把钥匙或给他展示一些新鲜玩意儿,以强调的语气说:"看,卡尔!"他一般都会抬头看看我们举在他面前的东西,听我们说的话,然后就忘记了自己本来想要的东西。

我们自身很清楚:这么一个无助的小东西可不能受吃喝需求都满足不了的罪,卫生和条理方面也是如此。否则的话,面前晃动的钥匙也满足不了他了,因为好奇心得到满足的时候,身体方面的需求就又会出现。然而我敢说,我们的孩子在这方面没有受到一点委屈。

不久以后,我们几乎用不着再去想办法转移他的注意力了,因为他很快就意识到,无论他之后是哭闹还是笑,我们说"是"就是"行",说"不"就是"不行"。

不知不觉,他开始习惯了绝对服从。我可以断言:在这方面,我们没有更多的期待了,除非再带些别的孩子回家来教育。

绝对服从远远比人们通常认为的还要重要得多,因为孩子会一而再再而三地要做可能会伤害到自己的事情。如果是一个顺从的孩子,你只需要大声说一句:"别做那件事情,我的孩子!"或是仅仅叫一声他的名字,引起他的注意,他就会立刻停下,静静地站着。接下来,你就可以给他解释不让他那么做的原因,也可以在今后类似的情形下保护孩子的安全。但是,如果你面对的是一个不顺从的孩子,你就得扯着嗓门大喊。因为他没养成服从的习惯,他就会继续做他想做的事情,而等伤害已经造成时就为时已晚了。

有件事可以作为很好的例子来证明卡尔在行为方面是有自由的,这一点让他乐在其中也保护了自己。三岁以前,自然而然地,他对母亲比对我更亲近。很多时间,我都在做研究、出差或者不在家。我在他身边的时候,往往都是严肃、甚至严厉地要求他遵守秩序、讲究卫生、服从教导等等。而这些都是他母亲,作为一个女性无法做到的,或者是出于母爱或粗心大意而忽视的。

小家伙还无法了解我的态度,也还不能体会到父亲的公正与和蔼可亲,因此他更爱他的母亲。我注意到这一点很长时间了,但我对此很满意,因为这在我看来是种自然现象。如果我们一家三口都坐在沙发上,卡尔大多会特别亲切地和我妻子一起玩。而她总会善意地示意他朝向我这边,然后孩子也和我玩一会儿,但很快就会跑回他妈妈身边。当我妻子再次把孩子推向我身边,并悄悄让他多亲近亲近我的时候,我就会立即真诚地跟她说:

"看在上帝的分上,亲爱的,让他想和谁亲近就和谁亲近吧,这样做才是对的!现在他爱你比爱我多一些,只要我不责怪他,他肯定是这样的。他不是个伪君子,所以他会情不自禁地表达他的真实情感。但总会有我能比你为他做得更多的时候。那时,他即使不爱我,也肯定会尊敬我。"

我妻子理解了我,从此就让卡尔随他自己的意愿了,而我说的这个时间也终于到来了。

到目前为止,我一直尽可能地让他纯粹、自由地做出判断。常规的教育中,人们被灌输了诸多偏见,赞成这个或反对那个,而这些偏见会伴随终生,严重干扰他们对事物的清晰的理解与判断。

我非常清楚,在孩子面前,有些事情完全不能说;有些事情要经过慎重考虑后再说;还有些事情要等到他们形成并且表达出自己的观点之后再说。另外,只要他们的观点是正确的,我们就不应该再有所导向。有一点我特别赞同,那就是有些观点可以以更柔和一些的方式谨慎地表达,以去掉那些锋利的边角。

如果卡尔,作为一个孩子,在社会上做出了一个虽然正确但却过于唐突或无情的评判,我会在他说完之后,对在场的人半开玩笑地说:"瞧,他是个乡下孩子,请别见怪啊。"

卡尔很快就会意识到,在这种情形下,他说的虽然是对的,但是却是不适宜的。当只有我和他两个人的时候,他一定会问其中的缘由。这样,我就借此良机告诉他这样做的利弊,并且在不限制他的心智发展不伤害他心灵的情况下,让他习惯于更好的礼仪。只要有可能,我都尽量把事情和更高尚的品德与虔诚联系起来。这种情况下,我会不慌不忙地说:

"你的判断完全正确,但我不得不承认,你把它说出来没有好处,是不善良的。父母在场的时候,你都尽量不要说;其他人在场,你就绝对不能说了。你刚才没有注意到 N 先生有多尴尬吗?或许是出于对我们的爱和尊重,他不会或不愿驳斥你,但是他被一个小孩说了那么令人不悦的话,内心肯定受到了很大的伤害。如果他今天心情不好或者受到了别人的取笑,那你就应该受到责备。"

卡尔肯定受到了深深的触动,他为给别人带来了痛苦而非常难过。假如卡尔没有意识到错误,反而回答:"但是他对我一直都很友好啊。"我就会这么回答:

"那可能是因为我说了'他是个乡下孩子',就向人家说明了真实情况,这样他就对你抱有怜悯之心了。你做出了尴尬的评判,从而就无法赢得尊重、爱和感激。你好像没有注意到,在场的人都焦虑不安地观望着,看看你,看看我,又看看 N 先生,要不是我把话题转到更容易吸引他们的事情上,我们的谈话早就终止了。"

我再来假设一种不可思议的情况,那就是卡尔还是没有愧疚感,

而是回答说:"但事实就是这样的!"我会更严肃地指出他的错误:

"你确定吗?也很有可能是你错了。假如他这样回答你:'我这么做的原因你是不了解的。'或者他跟你说:'你是我的审判官吗?你这个没头没脑的小屁孩!'那你怎么办呢?即使他的说法绝对是错的,那从他的角度考虑,你是不是本来应该保持沉默啊?你没注意到我们都没有说话吗?还是你天真地以为只有你自己发现了他的错误吗?

告诉我,我的孩子,如果他,或是其他什么人,要是发现了你的疏忽、缺点、粗心或错误等等,然后在众目睽睽之下当面指出来,你会感觉怎么样?那只能算是小事一桩,因为成年人指责一个小孩是完全合乎情理的。小孩子不会因为这种指责而受到伤害,因为对于你这样的毛孩子来说,犯些错误很正常,人们基本上都会置之不理或包容原谅。

又或者,难道你以为其他人没有发现你的错误吗?你这样想的话就错了!出于对你或对其他人的善意,他们默默无语地装作没看见,不当面向你提起以免你尴尬。然而,我有几位真切关爱你的朋友,他们都告诉过我或你母亲你做过的很没面子的事情。除了我们之外,他们没有告诉其他任何人,这就是因为他们希望你的品格能有所进步,越来越高贵。

这种高尚的仁慈之心使你愉悦,不是吗?那好,那你就应该也以这样的方式为人处世。'你想让别人怎么对你,你首先就要怎么对别人。'

直接说出事实真相,而且还是以一种苛刻、咄咄逼人的方式,带着严苛的正义感,费力地找出别人的错误,甚至没有什么理由地在大庭广众之下指责他们,这些都和与人为善相去甚远。与人为善是一种难以言表的美,正因如此,我们把所有完美的化身统称为'上帝',也就是'真善美'。我的孩子,你也想成为上帝那样的人。果真如此,那你就必须尽可能地完善自己。首先,也就是最重要的一点,不要忘记与人为善。"

我敢肯定,若是真到了这种时候,卡尔一定会流着痛悔的泪水向我保证,再也不会以那种方式使别人痛苦了。我也深信,只有人性的弱点,特别是孩子气的弱点,才会让他犯这样的错误。

但是,为了达到我进一步阐述的目的,我依然要假设他会反驳说:"那我要说假话吗?"假如这样,我就这样回答:

"绝对不是!那样的话,你就是在说谎,就变成一个伪君子了。而且也没有必要这样做。你要做的就是保持沉默。如果每个人都去找别人的错误或缺点,然后在大众面前无情地说出来的话,那对你和我,对所有人来说,生活都太可悲了。这样的斗争将会无休无止,因为人无完人。到时没有一个人能踏实心安。大家必须都擦亮双眼,严阵以待,以攻击别人或者保护自己。那难道应该是作为人类、作为基督徒、作为神的子民们,作为至善的代表人物们共处的生活吗?"

但是,我说了这么多,也许对这个可怜的孩子是不公正的。不过我敢肯定,我并没有一下子全部说出来让他去理解、懊悔,然后去弥补道德与虔敬的过失。我忘记说我还会给他讲一些适宜的故事了,不过这一点读者们应该能从前面的暗示中推测出来。

第十七章 卡尔是如何学会读写的

卡尔最喜欢的娱乐活动之一就是看图画。我们会自然而然地给他解释图中所有值得了解的内容，然后让他把图画描述给我们听，我们一会儿当他的老师，一会儿又转换成为他的学生。在他还不识字无法阅读的时候，我们会故意遗憾地说：

"哦，你要是会读书该多好啊！这是个非常有趣的故事，可惜我没时间讲给你听。"

这时，如果我们走开，他看着画书里的故事，就像看着一个魔符一般，由于他不懂解开这个魔符的咒语，所以其中神奇的能量对他来说毫无用处。他时不时地会根据图画自己另外编出一个故事，然后讲给我们听，这样一来我们就会给他讲述书中真正的故事①。我们

---

① 讲故事是卡尔接受的早期教育中重要的一部分，而我没办法极力向别的家长们推荐，尤其当故事的创编和讲述是为了灌输某种特别重要的功课的时候。这些故事以一种恰当的方式被讲述出来，孩子们不易遗忘。有时候，卡尔表现得像他听过的故事中的一个坏孩子似的，我们只需要对他简短地着重语气地喊"马丁"或"彼得"，他立刻就能很好地领会。我还建议要用心记一些短诗，但是一定要是容易理解的诗。我们可以这样开始，"孩子们，所有的一切都是多么快乐啊！"或者是"我很好"，然后逐渐地增加诗歌的难度，这样很快就可以接触到席勒的诗了。如此一来，孩子将可以理解一切，他的思维、品德、虔诚、品味、行为和记忆都会得到锻炼。

就是用这种方式,逐渐增强了他想要阅读的渴望。

同时,我买了巴泽多的带注释的初级读本,还买了许多其他适宜的带有蚀刻版画的读物。在这里,我必须要说明一下,遗憾的是这些书中有很多都来源于巴泽多的作品,而且往往档次会低劣一些。然而,因为我自己收集了很多蚀刻版画,我可以时常从中挑选出一些适合卡尔看的,总体来说,在艰难的日子里,卡尔也有足够的图画看。而天气好的时候,大自然的一切,或者我们在旅途中的见闻,还有夜晚的星空,都可以成为他的图画书。这种书本和生活之间的转换,对孩子来说具有不可估量的价值。

我们使卡尔表达出想要学会阅读的愿望的时候,也就是他三四岁的时候,我在莱比锡给他买了十套德文字母,有大写也有小写,还买了十套拉丁文字母,带有发音符号或别的标记,以及 0 到 9 的数字。每个字母都有三英寸高,并且粘在一个木块儿上。我把这些全都放进一个盒子里,把它当作一种新游戏演示给卡尔看,也就是字母游戏。

那时我们三个人都坐在毯子上,把所有的德文小写字母都取出来混在一起,然后随便拿起一个。每个被拿起来的字母,我们都会严肃认真地观察,并且大声清晰地读出他们的发音。这个字母在我们三个人之间传递,我们挨个观察朗读。我们安排得很仔细,刚开始的时候,让那些元音字母:a、e、o,或是 i 等等,经常反复出现。接下来,我们把每个字母都举到卡尔的面前,如果在我们发音之前他就认出来,我们就会爱抚他;如果他没能认出来,我们就会笑着说:"哦,你这个傻孩子,这是 a(或 e)。"等等。

我向你保证,卡尔只用了几天,而每天只花几刻钟的时间,就认识了所有的字母。

我们不时会在盒子里混杂一些德文的大写字母,像是偶然夹杂的一样。然后,我的妻子就会让我,我也可以让她,或是卡尔要求我们俩中的任何一个人来仔细地观察这个大写字母,并且要指出它与相应的小写字母的不同之处。这种方式可以随意地变动。

当他已经掌握了德文的大小写两种字母之后,我又偷偷往里混放了几个拉丁文小写字母。如果有一个拉丁文字母被挑了出来,我们就会表现得很惊奇或是嘲笑它在德文字母中间迷了路。卡尔必须找出相应的德文字母,然后把两者进行比较。他以这种方式很快就掌握了所有的拉丁文小写字母。下一步拉丁文大写字母的学习就非常容易了,尤其是当他开始自己玩这种字母游戏之后。

他刚学完字母,我们就赶紧教他把字母组合在一起学习音节和单词了。我们当然是尽可能地选一些有趣的单词,或者是让他自己选择。还有些时候,我们的一些朋友会假装不认识这些字母,而让卡尔教他们玩字母游戏,或者是作为对某些表现好的孩子的奖励,他会主动与其玩字母游戏。所以,我们的教学方法在很多方面都做了重新调整,以一种短时简易的方式达到我们的期望,而并没有真正地教他阅读。

卡尔已经完全学会了字母,他可以轻而易举地把字母正确地组合成音节和单词,甚至造了一些句子。他还学了一些符号和数字,并且了解了它们的用法。这在当时就是我们对卡尔的全部期望,因为我担心孩子早成。在卡尔四岁那一年,我与我的朋友格劳比茨和田立克一起去参观了佩斯特拉齐学院,同时还游览了瑞士和上意大利。考虑到卡尔资质平平,我妻子一直担心他学到的太少,并且我很明显为此几乎没做什么,于是,她趁着我不在的这段不短的时间里教卡尔阅读,想让卡尔的学习成果给我一个惊喜。

我所担心的事情真的就这样发生了。在此之前,卡尔的学习内容一直都来源于自然界、周围的环境和图画,并且都是通过使用一些小物件(如积木、字母等)以游戏的方式来学习,这样一个孩子现在却不得不非常尴尬而沮丧地忙于学习由四个、六个甚至八个单词组成的句子,这对他说毫无意义,也没有任何吸引力。

那些卡尔习惯于自己组合成词的或是那些我们让他读的、有趣的字母有三英寸高,而那些一点意思都没有的字母就是无聊的一行。这些使得卡尔郁郁寡欢,也使他母亲的教导困难重重。感谢上帝,这件事并没有彻底使卡尔灰心。

等我回来的时候,我的妻子路易斯已经凭借着自己的努力使卡尔开始了费力的阅读。对她的美好愿望,我予以了肯定并表示感激,但事实上我认为她的辛苦所为并没有什么价值。对此,部分原因是卡尔并没准备接受这种教学,也在于我还没有看出他有任何积极的想读书的愿望。因为即使在我们向他保证某个小故事非常有趣并且一定会逗他开心的情况下,他还是拒绝阅读,这一点让我担心普通的教学方法会令他厌烦。他说:"我谢谢你,但是我不想读,我已经知道这个故事了。"

我本来可以很容易说服自己,让卡尔忘掉这种费劲的阅读方法,但那样做会伤害到我的妻子。那时,我正在写关于佩斯特拉齐学院的文章,并且对于阅读的教学思考了很多。我就这样开始探求所有适合卡尔的阅读方法,以便让他很快就可以快乐地享受自己的努力成果。当我找到一些短小精悍、滑稽古怪的小故事的时候,我极其开心。他非常喜欢这些故事,还经常自愿读给我们听,还时不时带着开心的笑声。"你看,"我对他说,"会读书是件多么令人愉快的事啊!想象一下,寒冷的冬天你没办法出去玩的时候,读书将给你带来多少欢乐!"我们的朋友们也要求卡尔给他们读一些东西来逗他们开心,于是,我就实现了我的预期效果。他越来越喜欢读书,没过多久,我就可以给他合适的书了。他如饥似渴地看着这些书,有些甚至要看两三遍。

我提到过他的语调很正确,而他的阅读能力就是自己努力的结果,因为我自己遵循三个原则:(1)使他逐步爱上学习,培养他对学习的兴趣;(2)教给他最必要的东西;(3)尽可能使教学内容简单易懂。如果这一切都做到了,那么作为他的父母,我们(加上朋友们偶尔提供帮助)就只是鼓励鼓励他、为他创造机会、表扬他、奖励他。剩下的一切都是他自己的事情了。

如果我竭尽全力要完成对孩子的教育,我本来要做的应该很多。但是,我有我的职务,要为出版社写作,还要时常被安排出差。这些都会远远超出我的时间、精力和意愿,并且与我的计划完全不一致。

出于同样的原因,我也没有正式教过卡尔书写。我们经常当着卡尔的面,互相谈论或者和他一起谈论,或者跟别人谈起书写的用途,我们时常努力激发他对书写的渴望。但我们并没有向他提供帮助,至少没有提供过长时间的帮助,而只是在他一再要求下才帮点忙。卡尔最初写的字母是印刷体的,在我们因为这个笑话他以后不久,我们便在他的请求下教他手写体。然后他也就开始写手写体了,最终,他可以很容易就做到别人费尽千辛万苦才能做到的事情,也就是说,他能够抄写并记下他喜欢的任何东西。

我和他这样节省了多少时间啊!他可以多呼吸多少新鲜空气啊!他也少挨了多少责骂呀,他保持手、脸和衣服的干净也更加容易!如果他想学习书法,他可以等到十九或二十岁的时候,只需要用四周的时间就能学会,而不用浪费那么多宝贵的时间,就像我当初那样。

我之所以没采用惯常的方法来教卡尔写字,其中一个重要原因就是我不想让他过于关注书写而依赖文字。这种情形很常见,尤其在大学课堂里,这些只能造就出记忆高手。这些"写字机器"如果不能准确重复自己在纸上所写的内容,他们就连记忆高手都当不了。但是我的儿子总会关注别人说的话,而很少做笔记,因此,他能掌握所有的课堂内容,这一点令他的大学老师非常满意,我当时的老师也是这样的,他们对此予以了充分肯定。

我在这里还要谈到另外一种字母游戏,这是我们后来在维尔德克的黑森罗滕堡法院学到的。所有的游戏参与者都围坐在一张圆桌旁,桌子上扔着一大堆字母和数字(每一个都有一英寸高,而且都贴在硬纸片上)。每个人都从这些卡片中选出几个,然后把他们组成一个、两个、三个甚至更多的音节。接着,这个人把这些卡片混在一起,再传递给相邻的人。他会说,有五个单词。第一个以K开头,第二个以P开头,第三个以V开头,第四个以H开头,第五个以R开头,同时,这些字母会被挨个地垂直摆放,以便每个人都能更好地观察,然后按照要求组合单词。这样的活动可以训练出强大的能力。美丽聪明的黑森罗滕堡的公主克劳泰尔德总能很快就猜出来几乎所有的单词,无论是德语、法语还是意大利语。参与者可以相互问答,这样他们就可以集中注意力关注到身边成千上万个机会。

我们在柏林、莱比锡等地学到的,或是在书刊上读到的好玩又有用的游戏,都会同卡尔一起玩,在游戏规则允许的范围内,我们会故意让他有所不解。无论何时,我们只要发现游戏有可以改善的地方,我们就会进行反复调整改进。这么做很有教育意义,因为这样游戏者就可以深入了解这个游戏的内部规则,并且从对机械地遵守游戏规则到对游戏的理性思考。当卡尔后来掌握了高等数学时,他就可以轻易地玩好每一个计算类的游戏,改造这些游戏,甚至制定一个全新的、甚至更好玩的游戏。我不得不承认,他第一次做出这样的尝试时,我感到很困惑。

我花钱请变戏法的人来教我们一些他们的技巧,并且再解释给别人听。我就这样达到了自己的目的,那就是卡尔不应该只是观看表演,他还要自己努力去发现每种技巧的关键,而他往往都能做到这一点。然而,当我发现卡尔凭借自己的模仿能力最终获得的只是赢得别人的钦佩和掌声(尤其是来自女性的)的无用技巧时,我就尽量避免这种情况的发生了,天时地利人和的共同作用下,我成功地让他忘掉了那些戏法及其中的技巧。后来,正如我所希望的那样,那些掌声欢呼声慢慢地就消失不见了。

第十八章　把学习和玩耍分开

艾伯·戈蒂耶是对的——一个人可以通过设计合理的、具有引导性的游戏方式，在对孩子的教育上取得可喜的成果。我和他唯一的不同之处就在于，我每天都会腾出一点时间用于正式的教育指导，尽管方式是愉快的，但却绝非游戏型。起初，我是受自然本能的驱使这样做的。后来，我对此进行了深思熟虑，以下就是我思考的结果：

由于戈蒂耶实际运用他的方式已经三十年了，在这个过程中注意到了方方面面的细节，他的学生就应该不仅获得了渊博的知识，还应该成为一个具有强大而极为敏锐的精神力量的人。人们在法国应该听到有诸多出众人物都是出自戈蒂耶的学校，但其实并不是这样的。这是什么原因呢？要我说，如果一个男孩子早期的学习都是以游戏的方式进行的话，那么他就会希望继续采用这种方式进行学习。如果无法这样，他就对学习不再抱有渴望之心。如果他长大后从事商业性质的工作，那可是不容许游戏念头的。

在商业场合里，他会发现一切事情在时间、地点和条件各方面都有着严格的秩序；那里，绝对会有必要这样或那样的活动的；那里，所有的问题总是与工作相关，他会感到很不爽而特别渴望从前游戏方式的生活和学习，生活对他来说变得令人厌倦而烦恼。最终，他将几乎一事无成，不管曾经让人寄予多么深切的厚望。

因此，我一直坚持我自己的方式，那就是把工作学习和游戏细致地分开。工作学习和游戏都应该各自保持自己独特的方式。比如，在游戏过程中，我喜欢让卡尔的思维全部被激发调动起来，当然这并不是必要的。如果他没有达到这样的状态，我们或许会装作没注意到，或许笑着对他说："噢，小家伙，你知道的就这么多？"如果他的答案不正确，或者不够深刻，我们便会打趣到："从你的答案可以看出来你真的还是个愚蠢的小家伙。"然后他就会准确地意识到我们实际上所要表达的意思，并且肯定会尽量避免不再那么愚蠢和天真。

而工作和学习的状况就截然不同了。每天，我首先只给他上大约十五分钟的课，但在这十五分钟内，他必须集中全部注意力；如果他做不到，我就会很生气。只要是他力所能及的事情，他都必须要做好。在工作和学习期间，我会拒绝我妻子或仆人的任何拜访和询问。我会坚定地说："现在不行，我们在工作！"或者说："卡尔在做功课！"出于对卡尔的爱，我经常语重心长地对我妻子和我们的亲密朋友们说出这些真心话。我推行目的的决心如此坚定，以至于我们的家犬都了解我说话的重点——"我得工作！"，我们一对它温和地这样说，它就会立即安静下来。几乎从一开始，卡尔就对此有了深刻的印象，并且很快就习惯了把学习时间视为神圣不可侵犯的时刻。

卡尔不仅要持续学习,还要尽可能地充满活力并且保持快速高效的状态。如果他学得慢,即使学得好,我也会不耐烦。这对他来说已经成为大有裨益的事情,他的思维在觉察力方面有了非同寻常的敏锐性。有些事情,对别人来说很困难,但是对他来说往往就是小事一桩。有时我们只是刚一开始,卡尔就已经完成了。这样,他就有了更多的时间做别的事情,可以休息,可以社交,也可以进行户外活动,并且他做事情比我们更全面更完善。

他晚些年的时候完全体悟到了这份宝贵的收获,并因此而深感自豪。在维也纳,他深情地向我表示感谢,并且很确定地告诉我说,虽然他原来一直不能理解我为什么要求他学习不仅要好而且要快,但是他现在对我当初的坚持深怀感激,因为正是如此,他才获得了自身强大的优势。

第十九章　关于对孩子的奖励

我们从来没有因为卡尔做了一件好事而用钱或者某种值钱的东西奖励他。他成功时纯粹的快乐，战胜自己时的愉悦，我们对他的宠爱，他"行为手册"中的记录，朋友们的真诚拥护，上帝是眷顾与喜爱他的这种坚定信念（这使得他又向真善美迈进了一步），最后还有他能看到的自己好的行为带来的美好的一切，这些对他来说都是奖励。因为他相信每一个好的行为都会让他更像上帝一点，而成为上帝那样的人是他最大最美好的愿望，他愿意为之付出最大的努力。

而在他做出不好的行为的时候，我们的做法是完全相反的。感谢上帝，他没有做过什么坏事，但即使是一点点的小过失，我们也会带着伤心的表情对他严肃地斥责。任何人，不管他是谁，或者出于什么原因，只要对别人有所冒犯，都会让我们看不起，我们在说到这样的人的时候满是轻蔑不满。我敢肯定，就算出一百万美元也不可能让我的儿子故意去冒犯他人。

但我们从不后悔对他在获取知识方面所付出的努力予以金钱奖励。这种情况下，我们会对他指出，他的努力会磨砺他的智慧，而心灵，尤其是虔诚的心灵远远重要得多，这一点在我们的谈话中是一直被强调的。我们向他保证，他自己也有所体验，一个人可以凭借自己的知识和精神力量来赢得人们的尊重。然而他最尊重的是最好的，而不是最多的。最优秀人物的爱、父母亲的爱、上帝的爱，比一般民众的尊重对他来说要更有价值得多。他也知道前者是持久不变的，而后者是很不稳定的。

他刻苦用功的时候，我们只会说"对的！你履行了你的职责，我很满意！"等诸如此类的话。之后我跟他妈妈或者某位朋友也都是这么说。但是如果他做了一件好事的话，我会满怀开心地、欣喜若狂地、甚至有点儿崇敬地，讲述给他、他的妈妈或者一个好朋友听。总之，我们给他灌输了这种思想：勤奋工作可以给人带来世俗的快乐，而高尚的行为会使人获得天堂般的满足感。

不过，我只在工作做得好的情况下，才给予金钱奖励，就像常见的报酬一般。在这方面，我尽可能地效仿商业化的生活。要是他的努力微不足道，我给他的报酬就极少；而他自己很清楚他其实一点也没有得到，那只不过是实实在在的一点辛苦费罢了。除此以外，我还注意在奖励方面不让他产生满足感。我知道奖励很容易会变成纯粹的报酬，从而失去它更高层次的意义。但这种情况不会发生在卡尔身上。

在这里，我很羞愧地要提到一件事：有一天，他的德语读得很棒，其他方面的表现也很好，但是只得到了一便士的奖励。但正因为如此，后来的几年里，基于一个孩子的短浅目光，只要有必要给予这种直接的奖励，那么我就可以对他完成特别不易的工作的时候奖励给他一角钱。哦，他收到这份奖励的时候是多么开心啊！我敢肯定，很多人在收到几元钱的时候都没这么高兴！

不论在哪里，只要有可能，我就把高尚的公民生活记在心里。我们家对他来说就是一个国家，我是摄政者，而他则是臣民。我要求他为了国民们的幸福（当然也包括他自己的），必须竭尽全力，要履行自己的职责，要使自己将来更适合做有意义的工作。因而，他"行为手册"中所记录的就是他已经做的该做的事情，也就是他的职责。他勤奋而认真努力完成的每一项工作，我都欣然接受，并且认为对我都是有好处的。所以，我给他金钱上的奖励。我们——这个"国家"，传输给他的这种思想，他掌握起来更容易一些。之后，我们在教他了解并学会在社会上处事的方法时，就轻松了很多，因为我们在家里已经示范过了。

就金钱本身来说，他所积攒的钱给他提供了为将来做打算的机会。他学会了如何管理并好好利用这些钱。如果当初他用这些钱买了糖果的话，那这些钱早就没有了。而他所接受的教育也会使他从中得不到任何真正的快乐。然而，事实上，他把钱存了起来，在攒够一定数量的时候去买了耐用的东西。我们支持这种做法，甚至还悄悄地往里加过钱，以补充到所需的数量，并且会时常引导他多关注自己的"财产"，注意到它们的用处和耐用性。到后来，他经常把买来的东西当作礼物送给别的孩子，这使他赢得了孩子们的感激和他们父母的喜爱。

当我们的周围发生了什么不幸的事情的时候，我们就会用自己的方式来提供帮助。在这种情况下，我们从来不会忽视他拿出来的三便士、五便士或是九便士。相反,我们会以那些不幸的人们的名义,带着真诚的感谢之情接受他的捐赠。我把这些钱转交给那些受助者,甚至有时候我还要把这些零钱换成整一点的钱。账目表上,他的八或十二便士会和我的二十元并列,我会向他解释说他捐的至少和我一样多。然后,我会跟他提起耶稣基督关于穷苦寡妇投小钱的名言[1],他很早就从圣经故事里学到这些了。

但是,他如果仅仅是工作完成得很好,却违背了更高的道德准则,那他就一分钱也得不到。如果不是严重违犯,我就会说:

"如果你明天能和今天一样用功,并且做得一样好,那么你连今天的这一部分钱也可以拿到手。"

通常,他自己就是自己最严格的审查者。对于惩罚,他从来没有表示过任何不满,相反,他因为自己的过失行为以及给我们带来的担心而感到悲哀,也为或许会失去至尚人物对自己的喜爱和尊重而感到愁闷不安。

他常常自己这样说:"不,我今天不应该得到任何奖励,因为我的行为方式有不当的地方。"天知道,这种情况对我来说有多纠结,比如,因为只是一点极小的不足,然后就不给任何奖励了。其实,我很高兴,愿意给他双倍的奖励,还要加上亲吻。我竭力抑制住喜悦的泪水,很平静地对他说:"情况是这样的,但是我并不认为该取消奖励!但是,我的儿子,"我依然亲吻了他一下,"你明天必须要比今天表现得更好!"

就这样,我们收获到了难以置信的诸多好处。我希望所有的

---

[1] 马可福音 12,42—45。

父母们都能为了自己和孩子们好,而像我们这样来处理奖励问题。

每当他完成一项大一点的任务,比如,读完并翻译完一本书以后,我们便会一起欢乐地大喊"格迪克万岁!雅各布斯万岁!"等等这样的话。这对他妈妈来说就是一种暗示(当然,往往我都已经提前告诉了她),那就是要准备好做一番庆祝啦。

庆祝的方式包括:他妈妈为卡尔的晚餐准备一道他最喜欢的食物,比如,苹果派、温啤华夫饼,或者甚至料酒蛋卷等等;餐桌要布置得喜庆些;尤其是我会专门告诉大家关于卡尔的一些让人欣慰的事情:他的勤奋与热诚,他的毅力与进步,他心智力量的增长,以及他刚刚完成的和即将开始进行的书的内容。这样,一顿本来简单普通的晚餐加入这些内容后就被调佐得有滋有味了。而且,通常情况下,他的妈妈,或者是某位假装碰巧来做客的朋友,又或者是卡尔邀请过来的朋友,会让本次庆祝晚餐的主角——卡尔讲一讲他刚读过的书的内容,这使卡尔非常开心。

每逢这种场合,我们当然都会记得感谢上帝,感谢他赐予我们力量和健康以顺利地完成这项工作。他的母亲也会提醒他要感谢老师曾经和他一起经历磨难。

第二十章　卡尔学习外语

在卡尔六岁那年，我们带他去柏林和罗斯托克进行了一次长途旅行。回来的路上，我们去拜访了我妻子的哥哥——斯坦德的赛德牧师。他最小的儿子名字叫作海因里希，比卡尔大两岁，是个聪明可爱的孩子。他的继母和他的姨妈都温柔地疼爱着他，她们教了海因里希很多法语知识，所以他能用法语很好地阅读和翻译，也能很好地交流和写作。这些让我非常高兴，我热情地表达了我对他和他老师们的尊敬和热爱。

我的妻子路易斯，和我一样，对她的外甥的表现感到由衷的高兴。但同时又对我有些恼怒地说："卡尔还什么都不会呢。"我笑话了她，向她肯定地说"卡尔已经懂得很多了"，就像我们所有的亲戚朋友当着她面断定的那样。当然，我还没教的知识他是不会懂的。

于是，路易斯又反问我："那你为什么不教他呢？你知道的，卡尔到现在依然那么无知，太丢人了。"我提醒她是因为时机尚未成熟。她反驳道："现在教他又不会有什么伤害，而且想想你的健康状况,你都不知道自己能活多久。要知道,教育卡尔需要很长时间,你为什么就不担心呢?"

我笑了笑,但依旧坚持自己的想法。但是在我们离开斯坦德的路上,我再次愉快地谈起海因里希,于是又引发了我妻子对我的催促。最后,我有些烦了,就跟她说:

"亲爱的,拜托你别让我们的旅途变得不愉快了!我向你保证,我们一回家我就立刻开始教卡尔一门外语。但是我要告诉你,我每天最多只教他十五分钟。我教他只是想让你看看他一学就会。"

"你不会忘记你说的话的,对吧?"

"难道我违背过自己的诺言吗?"

我们都不再说话了。我想着海因里希和卡尔,然后考虑要用什么方法教卡尔外语。

之后,在余下的旅途中,我一直都在思考这个问题。如果我已经完全掌握了荷兰语和英语的话(可惜事实上我对荷兰语和英语的掌握只能说还行),我就应该先教卡尔学习低地德语①,因为卡尔对此已经通过他的母亲和我以及经常去北德的旅行而有了一定的掌握。然后,我会接着依次教他荷兰语、英语、法语、意大利语、西班牙语、拉丁语,最后是希腊语。

我本不必要担心德语、低地德语、荷兰语和英语之间的密切联系,因为低地德语与德语之间有鲜明的区别,聪明的人可以很容易地将这两者区分开来。我会让卡尔把英语和荷兰语正确地翻译成

---

① 德国北部方言。

德语，但不会要求他把德语翻译成英语或荷兰语。所以，只要正确的引导就没什么可担心的，学习外语对这样的孩子来说也将会很容易。

我还想说的是，从理论上讲，希腊语综合了很多知识，如果在透彻地掌握了德语的基础上再学习希腊语会很容易。这两种语言都有冠词、名词的变格，动词词形变化，句法构成，合成词等等。但是谁说或写希腊文呢？古希腊现在在哪儿呢？我们有希腊孩子们的那种语境吗？我们以什么方式激发起孩子学习希腊语的渴望，或向他展示希腊语的用处呢？而且，最后一点，我虽然能轻松愉快地阅读希腊文，但是，我对法语和意大利语要熟悉得多。在语言教学中，考虑这些因素远远比人们愿意承认的重要得多。

最终，经过深思熟虑之后，我选择了从法语开始教起。理由如下：

我认为我们应当教孩子学习他之前已经间接有所了解的语言。而卡尔对于法语就是这种情况。我会用法语读写。在我必须要说法语的时候，卡尔经常都是在场的。在我必须说法语的场合，卡尔往往是和我在一起的。对那些和我用法语交谈的人，卡尔觉得他们知识渊博而充满敬意和喜爱。但是，他只能听却说不出来他们在笑什么，这让他很烦恼。我和朋友们会选用法语来谈一些私密的话题。他也注意到有时候我们谈论的就是他。如果事后他问我们说的什么，我就故意给他一些激起他好奇心的答复，然后我会再加上一句：

"你要是懂法语该有多好啊！它会给你带来很多的快乐，并为你赢得别人的尊重。"

一个已经掌握了拉丁语的孩子确实会很容易学会它的派生语言,如意大利语、法语等。但是,对于一个德国孩子来说,尤其在他的心理已经受到过正确训练的情况下,让他在学习这些外语之前先学拉丁语,的确显得欠考虑而会让他不开心。而反过来,他肯定会像一只空瓶子那样耐心地接受所学的一切。

有人说,要是懂源语言,就能很容易弄懂其派生语言。而我要说,在熟悉了派生语言以后能更快速更准确地了解其源语言。并且,对于一个小孩来说,先熟知派生语言比先了解源语言更容易。

对于那些认为掌握了拉丁语的人学习意大利语和法语等会更容易的人,我可以进一步这么来答复:

"非常好!如果我在一栋楼的顶层,那么对我来说要下到第三层、第二层、第一层,最后一直到底层会很容易。但是,我怎么才能到达顶层呢?更合理的,也更容易和安全的肯定是先进入底层,然后上升到一层、二层、三层等等。这样,我最终就能到达顶层,而且这样轻易的方式,我们几乎不会注意到它。相比较试图从楼房的外部直达顶层而言,这种方法会遇到的困难真的不算什么。而且,由于这是一种很自然的方式,所以危险也更少,需要花费的时间也会比一直饱受赞扬的老方法要少。"

如果我对一个聪明的孩子说"pater",他会立刻回答:"意思就是'父亲',但是定冠词'the'呢?"如果我说:"就包含在'pater'这个词里。"他就会笑着反驳说:"那是不可能的!"或者更有可能说:"真是太愚蠢了。"假设这个孩子已经掌握了德语的变格知识,那么在听到"of the father"被译成"patris"的时候,他就会盯着我看,或者感觉很不耐烦,因为这对他来说是不可思议的,"of the"需要用在变格中的。这点和法语非常不同。如果我对学生说,"法语中'父亲'就是'le pere'",他会很满意,在听到"父亲的"被译成"du pere"时也会如此。

而我现在要说说动词。如果我说:"'AEdifico(拉丁文)'意思就是'我建造'。"他就会不解,然后立即问我:"'我'在哪儿?"对他来说,"je batis(法语)"才是明确的"我建造"的意思。同样,"ædificas""thou buildest""tu batis"等等,也都是同样的情况。孩子们对拉丁语中的复数规则还是无法理解的。

这些情况都是针对一个聪明的、准备相当充分的孩子而言的。而一个稍微迟钝点的、没有准备的或准备不当的孩子就只会吸收别人教他的所有东西,尤其书上的内容,比如那些不容置疑的语法知识。他只是埋头去学习那些他甚至都不理解的"单数、复数、主格"等等。实际上,他第一次被问是不是理解那些词的时候就感到很害怕。因此,他在以后的生活中将会有很多不理解的东西,而他只能目光短浅地、粗略地进行猜测推断,并且还要求别人接受他错误的观点,只因为他自称都学过。

或者,我们以过去时态为例,比如"我已经建造了,ædificavi"。孩子肯定会觉得很别扭。而法语的"je(我)、ai(已经)、bati(建造)"要自然得多了啊!"Thou hast built"也是如此。更令孩子费解的是虚拟语气。按照惯用的教学方法,聪明的孩子也要被它折磨很长时间,还是无法明确地理解。而这种情况竟然没能引起人们片刻的质疑,真是不可思议。我要补充说一下,过去的二十年来,许许多多聪明的年轻人已经掌握了我的方法,并且很多孩子也开始接受这种方法的外语教学了。

我首先找出法语里那些与德语最贴近的单词，然后把他们都仔细地翻译成德语。这很容易做到，而且孩子也会很快记住，并能在别的场合中也会想到这个词，然后正确地翻译出来。如果有一些特殊情况出现，我会这样说，比如："你看这里，多有意思！在这个短语（pour me dire）里，'dire'不是'说'，而是'去说'的意思。"这样不规则的情况反复出现，卡尔也就不介意了，因为他以前见过并且已经克服了理解上的困难。对于这样一句话，"J'aientendu, qu'on m'a appelle. Est il vrai?"，我会以下面的方式来进行指导：我把"j'ai"拆开分成"je"和"ai"，然后以玩笑式的口吻告诉卡尔，法国人认为"jai"这个词要比"je"和"ai"分开读更顺耳，这样并不是完全不对。过了一段时间，卡尔就开始用同样的方法来感受，并接受这种表达。"Je ai"或"j'ai"意思是"我已经"，而"entendu"意思是"听到"。对于"qu'on."就没必要再说什么了。他有时会自问："这不是与'jeai'的情况一样吗？"然后，他同样会分析："m'a"是"mea"的缩略，"me"是"我"，"a"是"已经"，"appelle"是"叫"，"Est"是"是"，"il"是"他"或"它"。这里因为规则相似，所以他能很快理解"t"变为"est"。这时，我会插一句："你必须自己找出该用哪个，是'他'还是用'它'。为此我要告诉你的只有'vrai'的意思是'真实的'。"我这些刚说完，他就会马上说出正确答案："'il'在这里的意思是'它'。"

有人会反对我的这种教学方法，认为这是一种蹩脚的翻译法，会使学生习惯那些糟糕的德语表达。但是我可以以长久的亲身经历向读者们保证，不会出现这样的情况。在拉丁语的教学中，也许在一定程度上会出现这样的情况，因为拉丁语和德语相差甚远，但是法语就没事。另外，如果学生已经习惯了纯粹而流畅的德语，他一开始肯定会像上面所说的那样进行翻译。但是句子刚一翻译完，他就会用正确的德语重复一遍。不过，我们还是假设一下不可思议的状况吧。假如这个孩子不这么做的话，我也宁愿让他进行准确的详尽的字对字的翻译，而不愿让他像通常的做法那样，在根本不理解每个单词的情况下，就把句子翻译成漂亮的德语。

有人又会问我："但是你怎样进行句子分析呢？"这就是我之所以让卡尔首先掌握一些常识、德语、词的衍生、词的变格、词的变位和词的替代等等，并锻炼他的思维能力的原因。

这之后，翻译外语就可以像读德国人所写的东西一样准确流畅了。重要的是卡尔要能精确地理解文章的意思。而在此过程中最重要的一点是，卡尔能够了解他所翻译的东西的确切含义。因此，他如果遇到某个不清楚的单词或短语，他就会反复思考，或者向我们询问。即使他不这么做，我们也让他这么做。总之，卡尔习惯了努力去弄明白一切。卡尔在这种方法的指导下，从来没有感到茫然过。能接受这样的教育，考虑到一个单词可能出现的各种不同语境，这对他来说真是莫大的幸运。我们为他查阅语法，读给他听，或者给他指出某个单词以后会以什么样的形式出现，这些都让他感激不尽。

因此，只要卡尔在进行翻译，我都会在他旁边放上词典和语法书。同样的道理，对于初学者这样的读者来说，手头最好有本小一点儿的词典，因为查阅大词典往往会很麻烦或者让人困惑。有些读者会准备一些基本语法书，但我从来没用过，因为孩子应该从一开始就熟知以后要用到的语法。习惯极其重要，比如，在书页之间做些标记,就可以让人很容易找到要参考的内容,就不必再做摘录了。

卡尔每次在翻译前,都会详尽地理解每个词的意思,做好把他们转换为德语的充分准备。因此,他一直都在深深地思考某个麻烦的词是怎么变形而来的,它是单数还是复数,是名词还是形容词,是阳性的还是阴性的,等等。

人们注意到卡尔也会对句子进行分析,但是有几点我要说明:

(1) 他本人有这个意愿要这么做,这在所有的教学中都是最重要的一点;

(2) 他的分析是有专门的目的的,那就是为了完全理解上下文。因此,在他能解决自己的疑惑,弄明白一切之前,他都不会满足的。当然,这种事情一开始是在我的帮助下进行,后来就全靠他自己了。同时,他还会关注那些与特殊情况相关的内容。由于他已经习惯了规则和明确性等,所以他在特意关注与之有关联的人或事之前,是肯定不会直接去查字典或语法书的。这也锻炼了他的记忆力和思维能力;

(3) 他理智地分析,明确自己在做什么。这种在句子中分析单词的做法很明显要比常规的分析方法有用得多。

我经常在做了充分考虑之后对卡尔说:"如果你想准确地了解这个,你可以通过查阅语法书,查阅词典等方式来进行更好的了解。"我用这种方式让他对某一方面的知识有了比自己预期要深刻得多的了解。

但是,我特意先教卡尔法语,而不是拉丁语,还有其他一些重要的原因。我们在学习法语的过程中,接触的是当今的现实世界,而不是一个已经逝去几千年，对孩子来说完全陌生的世界。卡尔从书中可以了解我们的风俗习惯、气候、建筑、器具、社会、文化、社交礼仪、服饰、娱乐活动等等。在此过程中，他会有身临其境的感觉，而古罗马或古希腊，尤其在传统教学模式中，对他来说就显得尤为疏远而缺乏吸引力。现代作家描写的那些事例好像就发生在他身边，而来自遥远的古希腊和古罗马的故事总会让他想起古代世界，这与他所处的环境全然不同。这点可以充分表明，要是先教孩子学习拉丁语或希腊语的话，无疑相当于把马车放在马匹的前面，是本末倒置的。但，主要原因还在下面：

我确实相信，只有给孩子们提供容易理解的读物，最好是为孩子们所写的，他才会乐于学习某种语言，并获益颇丰。可能的话，孩子会在书中找到属于自己的儿童世界。场景、动作和人物都应该有孩子般的纯真，当然也不是孩子气的幼稚。我们德国人就很幸运地拥有大量这一类的优秀书籍。因此，法国人和英国人，甚至意大利人，他们虽然在翻译我们其他的文学书籍时很谨慎，但却翻译了许多优秀的德语儿童读物。我们为这种优势而高兴，而且也会充分利用这些母语作品。难道我们在更难的外语学习中，不应该也采用这种方法吗？难道我们要不管不顾孩子们的世界，却非要引领他们踏上那充满荆棘的荒原吗？我不会这样做的，因为他们会沮丧茫然地漫游，而收获却微乎其微。

但是，如果让他们读一些属于他们圈子的有趣的小故事，比如那些精心准备的读物，那么，那些受到正确教育的孩子就会热切地想去学习这本书所用的语言。他们会欣然付出思维和记忆力的努力，会快速而轻易地克服困难，因为他们从中获得了快乐。不需多久，他们就会开始自发地去阅读任务之外的内容了，而你终将如愿以偿。我们所需要做的就是明智的指导，而要实现更高层次的完美，那就需要孩子自己的努力了。

我让卡尔尽快读了贝尔奎写的《孩子们的朋友》，这本书在莱比锡卖得非常便宜。我相信，他把这本书从头至尾欢天喜地地看了有十八遍了，尤其在看到他以前在德语少儿译本中读过的故事时，他更加开心。他根本不需要我们要求，自己就会主动地一下子看十来页。他很快就从书中学到了很多知识，以至于我不得不给他找些难度更高的读物。那些天真烂漫、滑稽可笑而机智聪明的故事素材，非常贴近他的生活，而且简单易懂，所以深深地吸引了他，迎合了他的思维和心理。这就使得卡尔读起这些书不仅毫不费力，还充满了乐趣。

如果我当初从拉丁语开始，然后立刻就像人们通常所做的那样让他读罗马作家科内利乌斯·内波斯的作品，那肯定就是另外一种截然不同的情形了。在此，我只简单提及这些与贝尔奎的作品相比起来必然会出现的困难。内波斯所用的语言早已经不用了，没有任何人说这种语言，也不是任何一个国家的母语。因此，孩子们预见不到努力学习这种语言的价值，而这一点，任何一个孩子，哪怕他再缺乏理性，也会考虑到。此外，拉丁语中没有冠词，它的名词变格和动词的词形变化都和我们的语言不同。它句子的语序那么不一样，那么突兀，那么错综复杂，以至于成年人都很难理解。这些都是表面现象，内在部分会更糟糕。我要求的书是那种专门为孩子们写的。而内波斯、恺撒、西赛罗等人的书是写给成年人的，是为那些共和主义者，也就是一些政治家，还有两千多年前的人写的。尤其是内波斯,他的书是为那些统治希腊的罗马人写的。内波斯在希腊进行过学习研究,对希腊的语言、文学和风俗习惯或多或少有所了解。他想简明扼要地描述希腊伟大的将军们的事迹和重大运动,从而为这些统治者们提供一些帮助,所以在他的作品中,有很多涉及人名、地名和时间之类的暗示。这样,即使他提到各种罪恶行径,甚至是最变态的行为,也不会伤害到他们,也不会使其产生羞耻感。根据他们的道德准则和宗教信仰,这是允许的,至少是可以谅解的。

然而,这些对一个天真无邪的孩子会产生什么样的影响呢?恺撒在特定的环境条件下,以精湛的手法描述、修改、重订了军事战略,这是一部杰出的军事作品,但是却有太多的缩略的语言,甚至连一个资深的军人都很难看懂,那这么小的孩子又能怎么办呢?同样,对于西赛罗的有关法律和政治的著作,他又会有什么样的反应呢?抑或是他的希腊罗马哲学著作,西塞罗想以此来赢得罗马最杰出的的人士对希腊最深刻的研究的支持,小孩子能理解这些吗?西塞罗总是想当然地认为那些人无所不知,但是我们的孩子既猜不出来也不想去猜,甚至他们的老师也十有八九对这些知之甚少,那么他给好友们写的那些信件对我们的孩子能有什么好处呢?如果一个孩子即使像我一样费力地读懂了内波斯的作品,他又能有什么样的收获呢?在我看来,绝对是弊大于利的。

而另一方面,如果孩子专心致志地读完一本专门为德国或法国的孩子们所写的德语或法语书的话,那在智力、想象力和记忆力方面将会有多么大的收获啊!我敢肯定,我如果就此再多说的话,就会浪费读者的时间和精力,低估读者们的智商了。我只想补充说,如果我们从语言的哲理开始教孩子外语,也就是说,从语法开始,并且只是偶尔附带着,或者是后来才涉及语言的精华,这对我们和孩子们的智力来说就是一种罪过。我教卡尔的时候,就采取了与常规相反的顺序,这使他受益匪浅。

但还有人会说:"法语读起来那么难,但拉丁语读起来就简单。"确实如此,这一点说明了,任何说法都会存在异议的。但这对我来说无所谓,我想教卡尔,而卡尔也很想学。我先教他那些和我们德语发音相同的词,然后是发音有一点差别的,以此依次进行。

与此同时,我的教学是严肃而活泼的。严肃的时候,我同时教他法语字母的正确发音,并向他展示大量实际运用的情况;活泼的时候,即使德语中出现了一些写法不规则的词,我也经常会说:"这可以看出来我们依然比较傻,我们写'thun',而不是'tuhn'等等。法国人在写法上,或者在他们所写的文字的发音上,还要更傻。"他因此会饶有兴致地盯着这个单词看,忙于研究这些原本无意义的东西,这也给他带来了很多快乐,因为他经常把它看作是个戏法,他用这种方法学习法语,速度快得令人难以置信。与规范的教学最大的不同就是我们用最奚落的方式,有时就像是闹剧一样,或者我们在吃饭时,在散步的途中会提醒他,比如说:"哦,这几乎和法语'monsieur(先生)'的发音一样舒服得很。"

在这里,我想说一下,一般来讲,我们在教学中如果能少点强迫灌输的感觉,那我们的孩子们学到的将会多得多。虽然我不赞成完全采用游戏的方式进行的教学方法,但我认为有必要把玩笑式的教学和一本正经的教学结合起来。我敬爱的老师——Gedike就一直是这样做的。

卡尔经常能够很容易地学会一些比较有难度的知识，因为我总是以轻松愉悦的方式把知识传授给他；而如果我或别人呈现出正经严肃的样子，或者以冷冰冰的、僵硬的、焦急的、模糊的或混乱的方式来教他的话，那么即使是一些微小的困难也会吓到他。

糟糕的是，我要说可恶的是，很多教学内容连老师自己都没有掌握。这就好比大部分的德国演员并不了解自己所扮演的角色一样，他们会不安地看着、听着提词员，然后拖着长音说些错误的对白，而根本不考虑正确的表达、恰当的动作和轻松的表演，然后使得观众恼怒而厌倦。没有掌握教学内容的老师们也是如此，他们对知识没有全面的了解，也不能以轻松的方式把知识呈现给学生。听课的学生们感受不到愉悦，只有沉重的压力感；他们不会积极参与课堂，而是厌恶反感。这类老师上课的时候，会不时停下来思考教学内容，或者一直照本宣科，或者是不断地查阅课本，根本没有能力传授给学生丰富的知识。我自己就有亲身经历，起初是作为学生，后来是作为老师。但幸运的是我也见过一些相反的情况。因此，我教给儿子的只是我自己掌握得最透彻最全面的知识内容。

如果以前我加快教学进度的话，就会每天教卡尔一个小时的时间，而不是仅仅十五分钟，或者会采取交际教学法。但是我不希望孩子在路易斯的要求下不得不过早地成长。几个月以后，我欣喜地看到孩子在不断进步，并且渴望学习更多的知识，于是就增加到每天三十分钟，又过了一阵子，时间再延长点，一直到快一年的时候增加到了每天一个小时。卡尔所读的都是一些令人愉悦的作品，比如《鲁滨逊漂流记》，这本书他以前读过德文版本，后来几乎把这本书所有的外文版本都翻译了过来。一年以后，他的进步那么大，以至于不需要我的帮助就可以独立轻松愉快地读一本简单的法语书了。接着，我就开始对他说法语，然后就开始了意大利语的教学。他学起意大利语来特别容易，六个月的学习成果相当于当初学习法语一年的所学。现在，他最长的学习时间达到了一个半小时。

卡尔已经学会了如何去了解并克服法语和意大利语中各种古怪的困难。所以我希望他不会再害怕拉丁语的学习。我这样的希望本来是不会落空的，但是，有很多成年人和他的小伙伴们，尤其那两个在我家里的学生，经常跟他说起拉丁语，说拉丁语是特别讨厌的、极难的、又没有什么用的，因此，卡尔对拉丁语就有了担忧和成见。

这些都是我无法消除的因素，因为就像我前面说的那样，我没办法保证学习拉丁语会轻松而愉快。我也不知道该如何向他说明拉丁语的用处，就像说到现代语言的用途那样。如果跟他说只有具备拉丁语知识，才能成为一个有学问的人，也会无济于事，因为他可以义正词严地回答，说自己根本不在乎会不会成为一个有学问的人，但是他宁愿做个全面发展的、有教养的人，而这一点他不学拉丁语也肯定能做到。他亲眼见过好几个这样的例子，而且也有一些博学的却缺乏真正的文化内涵的反例。我没有办法，只得由我最亲密的几个朋友，充满诚意地向他保证，学习拉丁语的确是重要而且必要的。我还常常当着他的面谈论《埃涅阿斯纪》和西塞罗个别作品的美妙之处。得多坦诚而又不满足的学者，才能向他们的儿子推荐奥维德、特伦斯、苏埃托尼乌斯、赫拉斯的著作和许多其他拉丁与希腊古典名著，而不担心对孩子的道德产生不好的影响啊。假如这个孩子成为一个酒鬼、浪荡子,或者沾染了一身恶习,难道就可以因为没有鼓励过孩子做这些可耻的行为,没有特别地激起他这方面的想法,而值得表扬,减少良心的谴责吗?

于是,在卡尔已经掌握了拉丁语以后,我做了一些不寻常的事。我经常谈论起某位作家,比如赫拉斯。说到他是一位诗人、世界名人和一位哲学家时,我带着崇高的敬意;而说到他是一个酒鬼和一个浪荡子的时候,我充满了鄙视。这种情况下,我从来不会说"他酗酒",而是说他是个醉鬼,是个酒鬼。有些说法,比如用"挪用"代替"偷盗",用"不说实话"代替"撒谎",用"不勤奋"来代替"懒惰"等等,这对我们的日常生活有很大的危害,而对教育会造成更大的危害。披上华丽外衣的恶行往往是最危险的。尽管有些作家可能会对成百上千的其他的孩子们有一定的危害,但是我对于他们的评论却对卡尔产生了有利的影响。他全心全意地尊敬我、爱我,所以他非常信任我,并且和我一样进行客观公正的评判。而且,他习惯了在我说某本读物"它对你没什么好处!"的时候,或者尤其当我脸上流露出鄙视或厌恶之情时,他就不想读那本书了。而受到传统教育的孩子们则会想方设法地去多读一些被禁止的书籍,或者和别人谈论这些书。不幸的是,这些往往就是被他们充分利用的仅有的东西。

然而,尽管我说了这么多,但还是不能消除我的担心,因此我选了赫拉斯的一个版本,其中最可耻的部分当时已经被删除了,我比较喜欢这本书。当然,也有人不想这样做,他们说这样一来赫拉斯就不可能成为伟大的拉丁学者了,而且那些内容的危害比人们想象中的要小等等。我听着这些人的胡言乱语,对他们的学生深表同情，我可怜他们的学生，因为他们天真无邪的思想将不可避免地受到这种无耻邪恶的污染和破坏。

我之前说过我为什么不向卡尔推荐恺撒的作品。而李维的作品对一个小孩子来说，又过于严肃和枯燥了。尤其是他的引言，实在是太难了。我也更不会给他选择费德鲁斯的寓言，因为我自己在开始读的时候就遭受了巨大的痛苦。

当时，有一件令人开心的事情帮我消除了怎样引导卡尔学习拉丁语的困惑。我经常和卡尔待在莱比锡，看看戏，听听音乐会等等，总之就是值得一看的所有事物。有一次，剧院上演《圣母悼歌》，入场的时候他们给了我一份剧本。卡尔早就习惯了让我把这样的内容读给他听，或者翻译给他听。演奏序曲的时候，我们正坐在厢房里。我对卡尔说："把这个翻译出来！"他接了过去，疑惑地看了一会儿，说："这既不是法语也不是意大利语，肯定是拉丁语。"我笑着回答："不管它是什么语，只要你能翻译出来就行。至少试一试！"于是他尝试着开始翻译起来，我在一边帮忙。我尽量把拉丁语中那些刺耳生硬的发音读得柔和一些，几乎就像意大利语一样，比如，"stava't""mader""dolorosa"等等。遇到"juxta"这样的词，我会帮他解释说："你不认识这个词，它的意思是……"我把"Crucem"读得像意大利语，而把"lacrimosa"中的"c"读得像"g"的音等等。最后，我们翻译得相当快，并且很愉快地翻完了。他高兴地说："要是拉丁语都是这样的话，我愿意学！""当然了，拉丁语就是这样的，而且如果有需要的话，我可以帮你解决一些困难。"就在第二天，我就找来了《鲁宾逊漂流记》的拉丁文版本，还有其他一些适合孩子们的简单的读本。

我从这些读物开始，几乎没考虑过这些书的语言是不是西塞罗式的拉丁语①。

卡尔学习拉丁语，用了九个月的时间才取得他在学习意大利语的时候用六个月取得的成果，而且还是在他已经熟练掌握了拉丁语的两种派生语言——法语和意大利语的基础上进行的，也就是说，他为拉丁语的学习已经在很大程度上做好了准备。拉丁语中有许多和德语不同的地方，他都了解了，也见怪不怪了。还有一些偏差，他也不在意，因为他已经逐步接触到了这些对德语来说不规则的现象。

我之前提到过和卡尔一起在哈雷的住所待了六个星期，我们每星期都在那里住上几天。那段时间快结束的时候，我聘了一位专业的语言学老师来教他英语发音。上课时间，我和他一起学习，课后我们一起复习和预习。此时，英语对他来说太容易了，他三个月的时间懂得的和别人学习六个月甚至九个月懂得的一样多。

然而，对于一个德国孩子来说，希腊语是多么难啊！我自己学习的时候是这样，很多朋友也是这样，尤其卡尔更是如此。他想学习希腊语，我也给他讲了好多关于荷马、色诺芬和希腊的历史学家，以及优秀读本里所收集的大量的美好的希腊故事。因此，他对

---

① 当然，我们也不能选择《蒙昧者书简》或者类似的书籍让孩子阅读。最重要的一点就是，我们一定要记住，如果从德语少儿读物的优秀译本开始的话，或许能引导孩子完全理解拉丁文的文学名著，并且效率会提高很多，因为孩子喜欢看这种读物，并且出于好奇，会经常提前完成日常的阅读学习任务。与此同时，他的才智以不可估量的速度日益活跃；他的知识也会在很大程度上得到增长和修正；最重要的是他的心灵会得到净化甚至升华。之后，他就可以去阅读《埃涅阿斯纪》，阅读西塞罗更有魅力的作品，阅读几本精神纯洁的或者至少是纯净的文学名著，这样，孩子拉丁语的学习将会迅速地进行。

这些充满了兴趣和渴望。然而,尽管希腊语和德语是姊妹语言,但由于跨越了时空和不同的社会环境,这两种语言有了如此大的差别,以至于对德国孩子来说,学习希腊语是一件非常困难的事情。我尤其体会了"这是希腊语,别念了"这句话的含义,确实太复杂了。

甚至在开始教卡尔希腊语之前,我就已经在他的迫切要求下,暗地里给他上了两三个月的课,没有让他妈妈和其他朋友知道。每次课十五分钟,他学得非常刻苦。然后,为了让他得到满足,我稍微增加了点课,或者是在他特别要求的时候,晚上额外再给他加十五分钟。然而大约三个月之后,他还是感觉很沮丧,觉得自己永远都学不会希腊语了。他花了九个月的时间学习希腊语所达到的水平,在学习别的语言时用的时间要短得多。但是,只要这些最初的困难得到克服,他就取得了很大的进步。

我想人们大致会有两类异议。首先,有人会说:"要学习这么多种语言,得花多少时间呢?这个孩子肯定是整天都要坐在书桌旁,他肯定昏昏沉沉的,像个书呆子一样!"事实证明,按照我的教学方法进行,情况是恰恰相反的。但是就目前的情形而言,这些人的异议也不无道理。假如我从拉丁语或希腊语开始教起,或者我没有仔细地让孩子在智力上做好准备;假如我在卡尔五岁以前没能注意教他正确流利的德语;假如我没有想尽办法激发起他对语言的热爱,没有向他说明这些语言的巨大用途;假如我没有训练他养成做事高效的好习惯,让他进行那种可恶的耗时的翻译,从而学习拖拖拉拉的话,那么一下子进行四五种语言的教学将会是完全不可能的,不因为别的,仅从时间上来说就不够用。

事实上，一切都进行得非常顺利。在卡尔克服了那些主要的困难之后，我每天只给他十五分钟的时间，比如继续学习法语。这段时间里，他要自己读一篇相当长的文章，在字典和语法书里查阅他不懂的知识，直到能用德语给我详细地叙述。最后，我会就文章某一点进行提问。我通常都知道困难会出现在哪里，之后就会让他背出来，有时是逐字逐句的，有时用精准的德语。如果卡尔有两篇文章都进行得很顺的话，那我就认为他各方面都做得很好了。用这种方式学习，孩子在学习效率和知识掌握的准确性方面都会有令人难以置信的收获。他精神上一直保持着活跃的状态，因此进步的速度一直很惊人。机械的写作练习阻碍了他的思维，使他厌倦，即使最有吸引力的文章也会让他感觉乏味。你可以用这两种方法尝试一段时间，只要你实事求是，就可以得出结论。

除此以外，在散步或旅行，或其他一些合适的时间，我们经常先用法语交谈，然后用意大利语，最后用拉丁语和英语。如果孩子愿意的话，按照这种方法，每天最多用三个小时的时间，他将会取得很大的收获。卡尔十岁以前在洛豪，接受指导的时间就没超过这个量。事实上，如果我把星期日和频繁的旅行等因素也考虑在内，那在我们去哥廷根以前，卡尔每天真正的学习时间不超过两个小时。但是，我们常常一起阅读，或者他自己看书，无论是在漫长的冬夜还是下雨的午后，我们有时候读一些德语儿童读物，有时候挑选一些我们发现的想读的外语文章（当然，多数都是他的选择），有时互相给对方背诵一些优美的诗句。

另外一种异议是："你儿子肯定会把这么多种语言弄混的。"就连伟大的教授、尊敬的芬克先生也表示过同样的担心，所以，有其他人这样说的时候，我并不惊讶。但是，芬克教授也像其他人一样开始相信事实并非如此，因此我就不需要证明其中的可能性或者有没有顺利完成了，我只需要说说我是怎么做的就可以了。当然，这要再次回到卡尔的幼年时期。卡尔从小就被要求必须正确地做好每一件事，必须说正确流畅的德语，除非事实真有必要，否则他不能用外语等等。他翻译的时候也要按照这个要求来进行。我只要求纯粹的德语，不能掺杂别的。而且，他必须彻底掌握一门语言，能驾轻就熟地使用它的时候，我才会开始教他另外一门语言。这些就是我所做的。那些心有不甘的人无法从他的翻译里找出任何错误，而我们最伟大的语言学家们也以口头或书面的形式对卡尔进行了高度赞扬。

我想再次强烈反对人们所犯的一个重大错误，他们总认为一个人如果不从枯燥的语法开始，不进行那些无聊的分析，不做那些令人厌倦的写作练习的话，是不可能学会说出或写出漂亮的拉丁文的。我这两方面的能力都很强，连杰德克都对我相当满意，但是我从来没有对他们说过这几件事。我学习两种语言的时候，都进行了大量的阅读，并且彻底掌握了阅读内容，使其中的知识都成为我自己的，为我所用。然而，如果我一开始就教卡尔去说和写"优美的"拉丁语的话，我不相信我能实现我的目标，并且不对他的智力造成伤害。

第二十一章　对卡尔在科学方面的教育

谈论这个问题似乎有点荒唐,因为卡尔在洛豪没能接受任何正规的科学方面的指导。首先,这应该是大学里要进行的事情;其次,我作为一个乡村牧师是缺乏必要的教学手段的。我所需的科学信息,也许可以从书中获得,但我没有大量的新作品、必需的蚀刻画、昂贵的设备、实验设施等。因此,我很乐意放弃科学方面的指导,但我依然把卡尔的注意力引导到诸多的科学事实上,而没有直接跟他讲:"这个属于博物学范畴,这个属于化学,这个属于物理学,这个属于远古地理学或是现代地理学等等。"

他在刚会思考的时候就熟悉了博物学各方面的知识。在哈雷、莱比锡和摩斯伯格,卡尔总能看到千奇百怪的动物和任何值得一看的事物。但为了达到他了解科学事实的目的,我运用最多的还是旅行的形式。栖息着各种动物的海洋,矿井、熔炉、蒸汽机、气泵、玄武岩矿、山顶上火山口状空洞,这一切都是我对卡尔进行引导的契机。甚至在家里,露珠、气压计、温度计、开炉时的通风声、窗玻璃上的水汽，还有其他成百上千的类似的现象等等，一个对博物学、物理学和化学有所了解的人，将能给孩子传授多少知识啊。

对卡尔地理方面的指导，我是以下述方式进行的：我尽早带卡尔去了在我们塔顶视野范围内的所有村庄，还带他去哈雷、摩斯伯格、莱比锡等地。天气晴朗的时候，我常常和他一起爬上高塔，随身带着几张白纸和一支铅笔。一开始，我们在纸的中央以适当的小比例画出（通常是卡尔画得多）我们村庄的近似轮廓，以留些空间画别的。然后我们画一个小圆点来表示最近的村庄利博瑙，再在各个方位表示出其余所有能看见的村庄。我们同时也写上村庄的名字，再用红笔标出萨阿尔河、厄尔斯特河、森林、草场和田地。

画完之后，我们会把它拿给卡尔的母亲看看，让她发表评论。然后，我们会再次爬上塔顶，好好画一幅对我们来说至少是正确的地图。接下来，我们把自己画的地图同萨阿尔区的专用地图相比较，并根据后者来进行改良。我所做的这一切都是为了让卡尔对地理有个正确的认识，并激发他对地理学的爱好。之后，他每次旅行回来，都能在纸上标出某地之间的大致距离。他九岁的时候就收集了相当多的地图，这对富有的年轻人来说都是不常见的。我们力所能及地买了很多地图，其中有很大一部分是作为礼物送给他的。

他还有几幅安维利尔的地图，只有这些地图在身边的时候，他才会读古代史相关的书。在散步或旅行途中，我通过讲故事，运用历史题材绘画或蚀刻版画等，向他介绍历史。摩斯伯格的K先生利用自己的优良设备教给了卡尔很多天文学知识。在此之前，我已经教了他在没有望远镜的情况下可以传授的所有知识了。他在九岁的时候就掌握了这些高深的知识,但是如果我当初告诉他他是在学习地理学、物理学等学科的话,他一定会感到非常惊讶的。

  我一直很谨慎地避免用到这些术语,一方面担心吓着他,另一方面也是为了防止他自负。他掌握了这些知识内容之后,很快就学会了这些专业术语。像语言学中的复数、主格、宾格等,也是如此。我的做法就是,不要让他知道自己是在学这些知识,在了解了具体内容之后,再掌握其名称就很容易了。

第二十二章　对卡尔品位的培养

在我们的房子里、院子里、花园里等各个地方,任何没有品位的东西都让我无法忍受,特别是那些与环境不协调的东西。如果有不协调的东西,我就会心神不安,一直到把它搬走才安心。所以,我所有的房间都用的是同一色调的壁纸,并且都镶上了舒适的边。每个房间里只有几件家具,还都是经过精挑细选的。所有的墙壁上都挂着油画和蚀刻画,但其中没有一幅是乏味的色彩炫目的,也不会象征任何令人不快的事物。我们的院子和花园里,从早春一直到深秋,都有鲜花绽放。大叶野茉莉和番红花最早开放,而冬紫苑花只在冬雪或严霜中才会凋谢。我们的衣着也总是简单而整洁。

我没有买过任何对于我们的环境来说过于奢华的物品,我也从不给卡尔买画作,除非它们是真实而美好的。如果有人送给他一幅画,但是不符合我们的审美,我们就会戏谑地观察,然后对其不够美的地方,尤其是炫目的色彩嘲弄一番。而另一方面,我们时常赞美花朵和小鸟的色彩搭配。但是如果这些色彩也过于鲜艳的话,我们也会予以评论。

无论在什么地方,只要有美丽的事物,我们都一定会去努力获取。莱比锡、代萨尔、沃尔茨、罗斯托克、波茨坦、柏林、魏玛、德雷斯顿、撒克森斯威士兰等地为我提供了足够的机遇去拓展并纠正卡尔对于美的概念。莱比锡以及它的美有多么深远的意义啊!卡尔从小孩子的时候就很好地知晓了这些。他五岁的时候,便熟知了波茨坦和柏林的美,只有六岁时,就能感知德累斯顿及周边壮丽的美。接连数天,我们都在参观美术馆,期间我们尽可能频繁地去欣赏了蒙格斯的铸画,去了两次绿穹珍宝馆。我们从来都不是看看人、马、狗、鸟、房子、车辆、家具、图画等等,而是让彼此关注这些东西,并进行讨论,发表赞同或不赞同的看法。

卡尔非常早地学会了热爱诗歌,并进行恰当的鉴赏。我们从最简单的开始,然后逐步上升到最高妙的诗作。我们通常评价的主题包括诗作的韵律、措辞、内容以及细微的暗示。如果我们在散步或旅行的路上给卡尔背几遍诗歌,他很快便能用心感受到其中最美之处。

我们开始是对德语诗歌这样做,之后很快就是法语诗歌,我敢说,在他学过的所有语言中,他都很快就记住了大量的优秀诗作,因为他会反复读这些诗作,用心感悟其中的美。在此我要提到几位伟大的诗人,那就是弗勒瑞安、麦塔斯塔索、维吉尔、赫拉斯和荷马。有很多次我特别忙的时候,卡尔要为我朗诵最优美的长篇诗歌,虽然被打断了,但我总是耐心倾听,而不想破坏他的兴致。

第二十三章　卡尔上大学

卡尔现在七岁半了,他所取得的成就甚至引起了一些博学的知识分子们的关注。一传十,十传百,好多人都知道了。有人想对他进行测试,我允许了这种做法。原来提到的在摩斯伯格的 K 先生就在其列,而他很快就成了卡尔慈父般的好友。他带着感人的热情,竭尽所能对卡尔进行指导,因为这也给他自己带来了快乐。为了让卡尔了解名酒,他不惜让卡尔品尝他酒窖里珍藏的稀有葡萄酒。他精美的藏书、蚀刻版画、仪器等等所有的一切,卡尔都可以当作自己的随便使用。每次为了进行天文观测,我和卡尔要和他一起过夜的时候,他都会邀请一些上流的文人雅士去他家。于是,有几位教授熟识了卡尔。

这其中有一位 L 先生,向我请求在他学生面前对卡尔进行测试,以激励那些学生。我犹豫了很久,最终还是同意了,但是我提出了几个条件:(1) 卡尔在测试之前必须对此一无所知;(2) L 先生要在第二天以邀请我去对他的学生进行评判为借口,然后卡尔可以和我一起去;(3)学生们不能表达他们对卡尔的赞许;(4)我们要坐在后面的座位听课,然后要发给我们一本教科书等等。所有的条件都得到了承诺,并且以书面形式写下了保证。

几周后,在《汉堡通讯》中出现了下面这篇报道。这对我儿子今后的整个职业生涯有着决定性的作用,因而对每一个善于思考的人来说都具有重要的意义。这位作者从不出名,但我相信,这么高尚的人以后一定会因为他美好的意愿而得到福报的。

几天前,这里发生了一件对教育界来说非同凡响的事件。我们这里的优秀教师,特希尔·兰德瓦格特先生,为了激励他的学生们,把一个七岁十个月大的小男孩带进了他的课堂。特希尔·兰德瓦格特先生前一天在仁爱和有修养的凯莫西尔的家里见到过这个孩子,并在几位学者面前测试过他的能力。这个小家伙聚精会神地听了当时正在讲述的希腊语课程。特希尔·兰德瓦格特先生让他继续朗读希腊课文。令所有学生震惊的是,他朗读并翻译的是普卢塔克的一篇特别生僻的文章,此外,他还就几个分析性的问题做出了完全令人满意的解答。

然后,有人给了他一篇朱利安·恺撒的文章,他就从学生翻译不下去的地方开始翻译。他读完这篇文章之后,同样进行了分析,也就一些问题给出了很棒的答案。随后,他又翻译了特希尔·兰德瓦格特先生带来的一本不出名的意大利语书,并用意大利语和他的父亲交谈起来。由于手头没有法语读物,特希尔·兰德瓦格特先生就用法语和他对话,而他也应答得非常流畅,就像在用德语一样。后来他看到墙上挂着的一张古希腊地图,就请求要看一看。他提到了古希腊主要的城市和国家,讲了一些与之相关的事情和几位伟大的人物。提到西诺卑的时候,他马上就说出来"它不在这里,我们得去那边找,在蓬塔斯那个位置",他边说边指着另外一面墙上的另一幅地图。学生们把他带到那边,他立即就指出了西诺卑,并且讲了一些关于戴奥真尼斯①的事情。随后,他还提到了另外一些城市和国家,并且说出了它们对应的现代名称。最后,他在没有用纸演算的情况下,算了几道三位数的计算题。

重要的是,这个孩子健康活泼、充满活力,同时又很温和友善、天真无邪、谦逊稳重,他对自己受到那么多人的赞赏和钦佩好似浑然不知。

孩子的父亲卡尔·威特博士,是一位牧师,在教育界很出名。遗憾的是,威特博士并没有细说自己的教育方法。这个可谓是奇才的孩子与那些无论是身体还是心理上都被宠坏到一定程度的神童不一样,他的父亲以一种无可言喻的杰出方法教育和培养了他。

1808 年 5 月 10 日于摩斯伯格

这个消息很快在所有的报纸上散播开来。每个人看到之后都会问:"这是真的吗?这可能是真的吗?"有些表示质疑的人找到我,还有一些邀请我去他们家。他们都带着怀疑对卡尔进行了测

---

① 希腊哲学家,公元前 412—323 年。

试。但是所有人在和我们分别的时候,都认为卡尔的能力比报纸上描述的还要多还要强。各地的那些嫉妒的人甚至都不想见到卡尔,他们只是评判这都不是事实,因为这不可能是真的。这些人往往都是见风使舵的,然后一直让自己处于这样的优势中,那就是他们最终承认的事情别人都否认不了。上帝保佑我们,远离这些思想狭隘的教育者们!他们会压制一切非同寻常的事物,只会给我们培养出聪明的而不是高尚的学生。但是那些不仅是会吸取现成的教育精华的人,就会自己去深入思考研究,他们的做法也就不一样。这些人会经常给我写信,想让我带这个孩子给他们看看,而我从来没有拒绝过这样的请求。

这个城市和莱比锡大学里的一些优秀的知名人士都极力主张,让我请托马斯学院的院长罗斯特教授对卡尔进行大学入学测试。由于我不认识这位教授,我就担心他会认为这个做法过于肆意傲慢等等。于是我就断然拒绝了这些提议,跟他们说很多教授都已经对卡尔进行过测试了。但是我最终妥协了。罗斯特教授不仅博学多才,而且通情达理、与人为善。他引导卡尔去探索语言学和自然科学方面艰深的知识,但自己却认为只是和卡尔进行了一次愉快的交谈。以下是他的评语:

今天,他们给我带来了一个九岁的男孩儿,来自洛豪的J.H.F.卡尔·威特,让我对他做个测试,并就他的智力和知识水平发表意见。我给了他一些绝对很难的,选自《伊利亚特》《埃涅阿斯纪》、葛瑞尼的《斐多牧师》的文章和一部法语作品,这些他都翻译得很棒,不仅证实了那些人明智的评判,也证明了他自己的能力不负声望。他对我随意选择的这些文章的翻译,不仅仅展示了多门语言的知识功底,还显现出了对古代科学的洞察力、成熟的判断力、沉着冷静的心态和超常的智力,而我从来没在这么小的孩子身上发现过这些品质和才能。所以,我坚定地认为,这个孩子非凡的资质和他父亲采取的最出色的教育方式都应该得到学者们的关注,他们应该仔细地研究并思考这类事情。我相信,为了有利于科学的总体发展,尤其为了教学研究的进步,我们有必要允许这个智能非凡的、天生了不起的孩子接受高等教育,让他能得到各位教授的指导,而他已经为此做好了充分的准备,任何偏见都不应该成为阻碍,以免上帝为他而备的这一切美好的事物都受到破坏。

托马斯学院院长兼哲学教授:马格·F·W·E·罗斯特
1809年12月12日 于莱比锡

罗斯特教授的评语被送到了莱比锡大学,在那里,卡尔被正式录取,成为一名大学生。那天是1810年1月18日,当时的校长是奎恩先生。他为我和卡尔发表的精彩演讲让我们深受触动。让我尤为感动的是,孩子没有进行常用的宣誓,而是和校长握手承诺自己肯定会遵纪守法。然后卡尔进行了入学考试。此后,莱比锡大学呼吁一些富有的爱心人士,来确保我在莱比锡至少三年的生活,这样的话我的儿子才能在大学里上课,而他已经通过了严格的测试,证明了自己绝对有能力接受大学教育。呼吁内容如下:

这个九岁的孩子,卡尔·威特,是洛豪的牧师威特博士的儿子。他给我们做出了非同凡响的例证，那就是，适当的早期教育可以使孩子的智力得到训练并达到令人难以置信的成熟程度，孩子在十岁以前接受到大量的、各种各样的信息也会锻炼他的记忆力，使其达到十八岁的年轻人的记忆力水平。这个出色的孩子做出的翻译一直以来都不是机械化的，而是带着洞察力、一定的技巧和深沉的感情的。无论是散文还是诗歌；无论是法语还是意大利语、英语、拉丁语或者希腊语；无论是在最伟大的专家面前，还是在撒克森国王陛下面前，甚至在整个宫廷面前，他都可以一展自己惊人的翻译才能。他有着特别快速而准确的理解能力，也非同寻常地博览了历史、古代建筑、古代和现代的地理方面的书籍，以及最优美的诗篇。这些都要归功于他的父亲，也就是他迄今为止唯一的老师，所有这些都应该归功于他的父亲，他快乐而得当的教育方法和他儿子接受到的早期教育一样引人注目。

有人认为这种教育方式对孩子是具有破坏性的伤害的。那什么才能消除这种质疑呢？我们看到卡尔是健康快乐、天真烂漫的，他没有那些被错误引导的所谓的神童身上的那种鲁莽和让人无法忍受的傲慢。他的父亲，与他出色的妻子齐心协力，很早就对卡尔进行了知识的传授，他顺其自然地按照自己的教学方法，根据卡尔已经获取的信息对他进行进一步的教育。无疑，如果这个孩子继续按照他父亲轻松愉快的教学方式并且在监管之下接受教育的话，他肯定会成为一个特别了不起的人物，而他的生命健康不会受到丝毫的伤害。而且，如果继续以这种方式教育这个孩子，他肯定会成为一个杰出和伟大的人，并且不会对孩子的生命健康造成伤害。

在他们全家居住的质朴的小村庄里，父亲的收入微薄，那些他自己都没有掌握的知识，是不可能适当指导这个孩子的。所以，这位父亲最诚挚的愿望就是让他的孩子在这条他开辟的道路上继续在大城市里前进，至少三年多的时间，他要亲自监督。这位深爱自己独子的父亲，在过去的四年里为孩子做了那么多而不曾对其有一丁点的伤害，他在未来的三年里，无疑也会好好珍惜并且做得同样好。但是，要完成这项伟大的工作，是不能指望那些没能理解威特博士自然、纯粹和严密的教育理念的人的。

要实施威特博士的教育计划，就必须确保三年来每年至少二百五十美元的资金。如果有这笔资金做保证，卡尔的父母就可以在莱比锡待三年，而他父亲的教区将会交给别人替他管理，或者威斯特伐利亚政府的皇家教会会给他在另外一个教区安排一个待遇更好的职位。他在莱比锡期间，除了教育监管卡尔之外，还可以进行文学方面的工作，甚至可以指导别人家的孩子，也许还能培养出未来的教育家。所以，他可以以这些方式顺便充实自己在莱比锡三年的生活。

现在的问题是，我们的市民是否会依旧对此漠不关心，或者消极地旁观，并愿意承担他们因忽视对这株奇才的培养而遭受的谴责。

我们坚信，这种事情对莱比锡高尚的市民们来说是不可思议的。我们特此邀请那些上帝指派的人士来保证这项美好工作的顺利进行。他们确保每年至少为小卡尔支出二百五十美元的捐款，为期三年。这是唯一的条件，可以保证他父母在莱比锡生活三年以继续他们的教育计划。由于卡尔现在有能力参加一些有益的学术讲座——当然，需要在他父亲的陪同下，而且在严格的入学考试之后，我们发现他完全具备入学的资格和能力，所以我们于今日正式授予小卡尔我校学生的身份和权利。

莱比锡大学院长：卡尔·哥特罗伯·奎恩
1810年1月18日于莱比锡

慷慨的莱比锡人很快就捐赠了五百美元，而不是每年二百五十美元，另外还为我们提供了免费住宿和两份生活津贴，除了这些以外，还有国王的馈赠。前提是我们必须留在莱比锡。我和卡尔去了卡塞尔，以获得必要的准许。但国王并不在那里。第二天上午，我拜访了冯·莱斯特先生，他本来对我和卡尔有很大的成见，但很快就开始喜欢卡尔了。他对卡尔进行了三个小时的测验，对他的知识水平感到惊奇，并询问了我的教学方法。特别重要的是，他确定卡尔不应该去莱比锡，而应该待在这个国家。然后他邀请我们第二天共进晚餐，还邀请了一些当时在卡塞尔的公使和议员们，他们之前对卡尔进行了几个小时的测试。那些德国人和法国人对测试的结果都高度满意，在协商会议之后，一致决定，国王为我们提供莱比锡所承诺的一切，而我应该带着卡尔去上哈雷或者哥廷根的大学。我断然拒绝了去哈雷的大学，也没同意去哥根廷大学。我一回到洛豪就看到了一封部长来信，内容如下：

亲爱的牧师：

我已经向尊敬的国王陛下汇报了您儿子非凡的才能和所取得的巨大进展，以及您要全身心投入到孩子教育中的美好愿望。国王陛下一直厚爱人才，鼓励有才能的人得到良好的发展，他恩准您在米迦勒节（基督教节日，每年9月29日）辞去现任职务，并命我为您提供另外一个职位，直到您完成儿子的教育。

鉴于我们国内也有优质的大学，国王陛下希望您儿子的教育能在本土完成，这样可以为您提供一切可能的便利。从即将到来的米迦勒节开始，国家将为您儿子提供三年的资助，每年四百美元。他去哥廷根大学就读后，最优秀的教师们将对他进行指导，来继续完成您开始的这项伟大的教育事业。

非常高兴由我来向您宣布这项君主之恩，在您的儿子接受大学教育期间，我乐意随时提供帮助和保护。

您获准在两个月内，米迦勒节之前，安排好各项事务。我已将您辞职的必要通知发给了马格德堡宗教法院。

现将您给我的文件全部奉还，并致以崇高的敬意。

G.A.孔德·沃尔夫雷特

1810年7月29日于卡塞尔

卡尔在大学里所取得的进步，我可以简单地汇报一下：

他继续以我们曾经的模式学习，并且在我的陪伴下学习了哥廷根大学的课程。第一学期，我只为他选了两门课程——黑伦的古代史和迈尔的自然科学。我相信自然科学课程可以让他很快就认识到学习数学的必要性,因为,即使他在课前做了各种准备并反复背诵,在课堂上,还会出现由于数学知识不够而有些内容无法理解的情况。有一次,下课以后,他对我说:"我弄不懂这个——我必须要好好学习数学!"我立刻为此着手准备。就在当晚,卓越的数学家F教授来到我们家,给卡尔解释了那些难点,并随即开始给他补了一节纯数学课。我们父子对这位真诚的朋友将终生满怀尊敬和感激之情。

众所周知,所有的教授对我儿子勤奋的学习态度和所取得的进步都非常满意。尽管我有他们所有人对卡尔评述的原文,但我在此只引述几段话:

今年冬天,小卡尔·威特参加了我的古代历史和地理课程。我可以证明,他不仅在其父亲的陪伴下,孜孜不倦地学习这两门课程,而且,据我观察,他拥有缘于对这门课程感兴趣而产生的专注力,还有对他这个年龄来说非凡的理解能力。这些才能,只要教育得当,假以时日,是大有前途的。

A·H·L·黑伦

我非常高兴来证明这样一个事实:卡尔·威特先生不仅带着无尽的热情勤奋学习我主讲的自然科学课程,而且只要是我在课堂上涉及的教学内容,他都会努力去获取与之相关的全面的信息。而且,几场考试以后,我已经完全确信这个前途无量的年轻人所具备的非凡能力已经锋芒毕露了。

J·T·迈尔

卡尔在那个冬天没生过什么病,这一点证明他良好的身体健康状况,因为他现在每天学习的时间不是以前的两三个小时了,而是经常连续的五六个小时。以前,他主要是在室外活动,而现在都是待在房间里学习。在那里半年的旅行之后是长达半年的完全休息。我虽然确实每天都带他散步,但是那个冬天却出奇地时常有大风大雨。为了锻炼身体,我们不得不经常在暴风雪中走来走去。这样的日子里,我们往往是城墙上仅有的散步者。我会说:"如果我能让卡尔安然无恙地度过这个冬天,我就不用再担心他的身体健康了。"感谢上帝,这一点我做到了。

复活节假期一到,我们父子俩就赶紧抓住这个机会出去"游荡"。这使人们感到非常惊讶,因为他们本以为,我会利用这个难得的假期陪卡尔一起复习功课或者预习新课的,但是我却经常专门带他去欣赏哥根廷的珍宝,参观图书馆。朋友们好心地提醒我,但他们非常通情达理地听我说明了原因。

"如果我的目的只是为了向大家展示卡尔的才能,那我宁愿待在这里。但是我不想把他培养成一个神童,我要照顾他的身体健康,拓展他的思维,让他保持良好的精神状态。他会有时间来学习很多知识的。"

第二学期,卡尔选择了斯克雷德的植物学课程和蒂博的数学课。这里有蒂博的评语:

卡尔·威特先生这个学期参加了我的纯数学课程，他一直勤奋努力，特别用功地学习。我当初接收他做学生的时候，还有些疑虑的，因为我担心一系列抽象的科学知识的讲解会与他的年龄不相称。但是我现在可以非常高兴地说，他对这门科学的各个部分，甚至是最难的部分，都表现出了浓厚的兴趣，并且一直如此。在解决那些要专门用几个小时的时间来考虑的难题时，他当仁不让，不曾输给过哪位同学。我可以实事求是地确认，他已经展现了出色的数学天赋。

B·FR·蒂博

收集各种植物，并把它们进行分类和保管，使卡尔得到了许多锻炼和乐趣。与此同时，他还画画、弹钢琴、跳舞，以及做一些修理工作。他继续跟我学习古代语言和现代语言。在哥廷根的时候，他一直跟着我参加语言学论坛，由海涅、米特里希、翁德里希、迪森和斯波德博士等人主持的，继续对古代和现代语言进行学习研究。这个事情我就不再说了，因为这些尊贵的先生们对卡尔都非常满意。

那年夏天，希罗尼姆斯国王莅临了哥廷根，参观的地方中包括了植物园。当时，我儿子和其他学习植物学课程的学生就在那里。莱斯特看到了卡尔，并让国王也关注到了他。国王想同卡尔谈话。于是，莫里奥迅速从人群中找到他，把他带到了国王和王室贵族们面前，不一会儿，把我也带了过去。国王和我们亲切交谈了很长时间，他鼓励卡尔继续努力，并承诺只要他一直这么勤奋刻苦，就会一直给他提供必要的条件，积极地保护他。国王刚说完这些话，那些第一夫人们和王室贵族们都开始亲吻卡尔，他好像不再是原来的卡尔，变成了另外一个人似的。两位将军伴他左右，像是战争胜利庆典一般，一直到国王坐进他的车驾。在场的人们，看到卡尔受到的厚待，都鼓励我趁机再申请增加两三百元的津贴，因为当时的情况下，国王是不会拒绝的。但是我没有那么做，因为我一辈子都宁愿节制自己，也不愿意成为索要钱财或职位的麻烦的人。

第三个学期，卡尔学习了蒂博的应用数学和布鲁门巴赫的自然史。如果没弄错的话，也就在那个冬天，我们一起听了冯·斯肯多夫讲授的拟态学课程。

第四个学期，卡尔学习了斯特梅尔的化学课程，以及蒂博明确表示过想让他学习的数学分析课程。这门科学对一个还不满十二周岁的孩子来说非常不易，以下是就这门课程，老师对卡尔的表现的评语：

> 卡尔·威特在1812年夏天的这个学期，学习了我的解析与高等几何课程。尽管这门学科在知识量和深度上有所增加，对理论数学的这些分支学科的研究也在不断提升，但卡尔依然一如既往地勤勉、专心致志地学习研究。针对这些课程的考试，也使他有机会得以有力地证明自己对所学知识掌握得清晰、熟练、透彻，消除了质疑者们的疑虑，也证实了自己的实力。
>
> B·FR·蒂博

第五学期，卡尔选修了迈尔的测角器课程，斯特梅尔的试剂和化学仪器课程，海斯曼的矿物学术语和系统学，以及蒂博的微积分课程。

这学期的冬天，我儿子写了第一篇关于高等数学的小论文。研究的问题是蒂博为他选的，而且隐藏了累计曲线的名称以使卡尔找不到任何的有关信息。然而，这篇小论文却在各地都受到了欢迎。许多人在得到由卡尔发明并绘制的工具时特别高兴，这个工具可以将这个曲线机械制图画出来。这就非常清楚地证明了卡尔敏锐的洞察力、丰富的机械知识，以及极强的表现力。

第六个学期，卡尔学习了蒂博的应用几何课程，迈尔的光和色彩的理论，韦尔斯的法国文学，以及海斯曼的矿物学。

第七个学期，他又跟着黑伦学习了政治史，随他一起回顾了古代史。

之前的那个夏天，蒂博就向我表明，他已经没什么可以教给卡尔的了。我原先想让卡尔再重修一下他所学习的数学课程，但蒂博认为，他从诸多的考试结果看出，卡尔已经完全掌握了这些数学知识，没必要重修。我也曾反对让卡尔接连不断地学习数学分支，尤其是高难度的数学知识。对于卡尔在十一岁的时候就开始学习解析和高等几何分析，十二岁的时候就学习了微积分，我原本都是强烈反对的。但是，蒂博坚持认为卡尔具备足够的能力，并且他自己也有学习这些知识的强烈愿望，况且"世上无难事，只怕有心人"。当时，我同意了他的意见，但是我提出了两个附加条件：(1) 如果卡尔发现对他来说学习那些太困难，他随时可以退出；(2) 如果卡尔没有完全理解某门课程，要允许他放手。蒂博同意了我的条件,并且开玩笑似的说考虑这些根本没必要,而事实证明他是对的。

对我来说更重要的是,蒂博像慈父一样请求高斯对卡尔进行单独辅导,而高斯也决定就要这么做了。高斯认识卡尔,但在我的请求下,他对卡尔又进行了一次仔细地测试。测试的结果是,高斯宣告:"卡尔从我的课堂上,哪怕是私教课堂上,也没什么可学的了。但是我可以向他推荐一系列拉丁、意大利和法国作家的作品,这些人对数学的高等分支有着深刻独到的见解。他可以自己读一下这些书,自己去获取更深刻的认识。"我有些焦虑不安,因为卡尔毕竟只有十三岁。我说道:"可是,教授,这里面肯定有很多他看不懂的内容!""很多?不可能,也许会有一点点,不懂的我可以帮他。但是他不会需要经常过来问我的。"

结果看来,高斯也是对的。卡尔几乎能理解书中所有的内容。盖诺林所著的内容,他完全掌握了。泊松的《高等力学》中有几段,我记得是三段,卡尔不大理解,高斯很重视,就给他写了一份书面解释。这么一位伟大的学者对卡尔竟有莫大的兴趣及共鸣。

尽管卡尔已经不再跟随蒂博学习了,但他丝毫没有减少过对卡尔的关注。他曾经对我说:"让他做他愿意做的事吧,我很好奇他会有什么发现。"然后,我向他透露了一个秘密,卡尔正在写一篇有关平面三角的论文,但是这要保密,因为,卡尔不确定时间和条件是不是允许他完成这篇论文。蒂博听到这个秘密很高兴,再次说:"好,就让他做自己愿意做的事情吧。"这篇文章完成后,蒂博读了一遍,整体都是赞同的,但是也指出了几个问题,卡尔对此感激不尽,并做了修改。在此之前,卡尔从来没有像这次一样满心欢喜地、充满干劲地、忍耐地、自发地完成一项任务。

这篇文章于 1815 年发表出来,当时我们住在海德尔堡。不久,我就看到了蒂博对这篇文章的评论,令我震惊的是,他的态度与以往截然相反。没有了爱只有恨;不再是友好的责备,而是尖刻的批评;没有了对作者年龄的仁慈的体谅(十三岁被蒂博说成了大约十六岁),而是尖锐的谴责。文章意思的清晰表述也被恶意歪曲了意思。蒂博的攻击深深地伤害了我们,但是我们依然不会忘却他曾经对我们的爱。

国王陛下又恩准我可以继续享受四年的补贴,并且仁慈地允许我可以用于任何对我儿子有益的地方。为了收回过去七个月以来的欠款,我们不得已又去了布伦瑞克,在那里,我们被引荐给了公爵,而他当时正准备离开。他和我们亲切交谈了很长时间,努力想激发起卡尔去英国的渴望,他可以把卡尔推荐给那里的亲戚,让他们资助他学习任何值得学习的东西。也多亏了公爵,我们在当天就收回了所有的欠款。

在汉诺威,人们对我也同样友好,但是当然,人们想证实一下卡尔的知识水平。后来,卡尔给萨尔茨韦德尔的高年级学生们做了数学知识讲座,他的讲座得到了最卓越人士的大力支持。他主动提出愿意做这类讲座,只不过需要他们提供主题。于是,就有了从代数、几何、解析、解析三角学,到微分和积分等选题。1814 年 5 月 3 日,卡尔在体育馆的大礼堂内进行了一场讲座。

这座城市最伟大的学者们都出席了这次讲座。他们都知晓我儿子是头一天晚上收到的选题,并且他外出直到深夜才回来。卡尔讲话轻松自如、清晰明了,再加上他的德语那么无可挑剔,以至于有几个在场的人走到了讲台后面,因为对他们来说,脱稿的情况下能讲得那么好是不可能的。当他们发现自己的想法错了的时候,不禁笑了。但是卡尔注意到了他们的疑惑,于是就离开了讲台面对听众继续自己的讲述,期间他只是看一看便条,以宣读各项主题。讲座结束,全场响起了热烈的掌声。之后,政府又给我们提供了更多的支持。剑桥的公爵向我们保证,如果卡尔去英国,他个人将予以帮助和推荐。海森满足了我之前的一切合理的需求;而且,像布伦瑞克公爵那样的选民,也让我提出自己的要求。我们被多次邀请到宫廷,并受到了百般善待。

第八个学期,卡尔继续学习高等数学、语言学等,并跟随舒尔茨学习了逻辑学,跟斯特梅尔学习了分析化学。以下是斯特梅尔的评语:

> 我很高兴向大家证明以下事实:卡尔·威特在这个学期中,不仅以同样值得赞扬的勤奋与热情参与了我的分析化学课程,以及与课程相关的实验室里的实际操作,就像以前选修我的理论化学课程一样;而且,在课程学习中,他还以其在化学操作和分析方面的优异表现,以及对布置给他的化学论题的详尽阐述,再次证明了他完美的化学知识和出色的能力。
>
> FR·斯特梅尔博士

我和卡尔在这个学期,一起讨论了他在未来要研究什么。如果我打算让卡尔在短期内出名的话,我就会让他继续钻研数学、物理学、化学、自然史和矿物学,因为他在这些学科领域都可以说是遥遥领先了。但是,我担心对这些学科的深入研究对年幼的他来说没有好处。而且,如果他一直沿着这条路发展的话,将必然会成为一名教授,可惜这并不符合我的愿望。所以,我决定培养他其他方面的能力,而这些能力迄今为止还没有被发掘过。再往后,他十八岁时,就可以自主选择职业了。于是我建议他学习外交,并且必须要从学习法律开始。他以前的学习使得他非常适合学习外交,所以大家都支持我这样的计划。只有蒂博反对,他曾经敦促我这样做,现在却很遗憾我儿子不再钻研他那门学科了。

我回答他说:"他以后还可以转回头继续学,因为他年龄还小。如果他对学习法律不满意的话,肯定会回去继续学习数学。"

在一次前往韦茨拉尔的旅途中,吉森哲学学院的几位老师和卡尔进行了一次深入交流。然后,吉森大学当时的院长,著名的绍曼教授邀请我们共进晚餐。正是在那里,我们发现了一个极好的团体。用餐期间,突然所有人都举起了酒杯,祝卡尔健康,并称他为"博士"。院长给了卡尔一个热情亲切的拥抱,并把自己亲笔签名的证书颁给了他。在场所有的人都流下了喜悦的泪水。

"卡尔·威特博士!"

"我亲爱的年轻的朋友!"

"像所有的公众人物一样,我已经认识你很长时间了。但只有在这些快乐的日子里,我才客观地真正地了解到你多么有能力,你已经成了多么了不起的人。我为你的成就感到衷心的快乐。上帝保佑为了你而倾注全部心血的可敬的父亲,他为能有你这样的儿子而高兴!"

"我与尊敬的同事们共同分享你父亲的快乐。我的朋友,让我们一起向你和你的父亲表示崇高的敬意。"

"在此,我正式通知你:昨天,哲学学院全体教职员工一致投票决定,授予你哲学博士的学位,并立即给你颁发学位证书。"

"我非常荣幸地第一个向你说:'祝贺你,亲爱的威特博士! 祝贺,热烈祝贺!'"

以下是学位证书的上的内容:

> 我以吉森大学的名义,于1814年4月10日,授予这位年轻人博士学位及相关权利。他在教育中已经成长为一位温和谦逊的人。同时,我们向他的父亲致以崇高的敬意,因为这一切都要归功于他。

在马堡,阿尔曼和他的同事们为卡尔获得这样的荣誉而非常高兴。他向我表明,如果吉森大学不给卡尔授予博士学位的话,马堡大学肯定就这样做了。